Yavuz Selim Erdem

Personalmarketing und Recruiting im Ausland

Onboarding für potenzielle Bewerber in Zeiten des demografischen Wandels

Bibliografische Information der Deutschen Nationalbibliothek:

Die Deutsche Nationalbibliothek verzeichnet diese Publikation in der Deutschen Nationalbibliografie; detaillierte bibliografische Daten sind im Internet über http://dnb.d-nb.de abrufbar.

Impressum:

Copyright © Science Factory 2019

Ein Imprint der GRIN Publishing GmbH, München

Druck und Bindung: Books on Demand GmbH, Norderstedt, Germany

Covergestaltung: GRIN Publishing GmbH

Inhaltsverzeichnis

Abkürzungsverzeichnis IV

Abbildungsverzeichnis V

Vorwort VI

1 Einleitung 1

2 Die aktuellen Probleme in Deutschland 3

    2.1 Der demografische Wandel 3

    2.2 Der Fachkräftemangel 6

    2.3 Die Digitalisierung 9

3 Die Lösung: Menschen aus dem Ausland anstellen 11

    3.1 Möglichkeit der inländischen Lösung der Probleme 11

    3.2 Die Lösung im Ausland suchen 12

    3.3 Kompatibilität von Fachkräften bestimmter Länder mit bestimmten Branchen 13

    3.4 Bereitschaft dieser Fachkräfte, nach Deutschland zu ziehen 15

    3.5 Rechtliche Vorgaben für den Zuzug von ausländischen Fachkräften 16

4 Personalmarketing und -beschaffung im Ausland 19

    4.1 Grundsätzlicher Ablauf des Personalmarketings in Deutschland 19

    4.2 Kompatibilität der inländischen Maßnahmen mit internationalem Personalmarketing 20

    4.3 Unterschiede der Erwartungen ausländischer Arbeitnehmer im Vergleich mit Erwartungen inländischer Arbeitnehmer 22

    4.4 Auswahlmöglichkeiten bei der Personalrekrutierung im Ausland 23

5 Nach der Einstellung des Arbeitnehmers 25

    5.1 Umzug nach Deutschland 25

    5.2 Integration des Arbeitnehmers 26

    5.3 Onboarding 28

    5.4 Kündigung eines unpassenden Mitarbeiters 31

6 Fazit 33

Literaturverzeichnis 34

Abkürzungsverzeichnis

AG	Aktiengesellschaft
BAMF	Bundesamt für Migration und Flüchtlinge
bpb	Bundeszentrale für politische Bildung
bzw.	beziehungsweise
DIN	Deutsche Industrie Norm
EU	Europäische Union
Expat	Expatriate
e.V.	eingetragener Verein
GmbH	Gesellschaft mit beschränkter Haftung
IAB	Institut für Arbeitsmarkt- und Berufsforschung der Bundesagentur für Arbeit
KMU	Kleine und Mittlere Unternehmen
MINT	Mathematik, Informatik, Naturwissenschaft, Technik
S.	Seite
UNHCR	Hochkommissar der Vereinten Nationen für Flüchtlinge
USA	Vereinigte Staaten von Amerika
vgl.	vergleiche

Abbildungsverzeichnis

Abbildung 1: Anzahl der Auswanderer aus Deutschland von 2000 bis 2017[8]..........5

Abbildung 2: Anzahl der Zuwanderer nach Deutschland von 2000 bis 2017[7]..........6

Vorwort

An dieser Stelle möchte ich all jenen danken, die mir während der Erstellung dieser Bachelorarbeit durch ihre fachkräftige Unterstützung zur Seite gestanden sind. Anfangs sei hier meine Betreuerin Prof. Dr. Valentina Speidel erwähnt, die mir speziell während dem Schreiben wertvolle und lenkende Ratschläge gab und der ich die professionelle Ausrichtung, die der nachfolgende Text genommen hat, verdanke. Besondere Dankbarkeit empfinde ich auch gegenüber meinen Freundinnen, Freunden und Bekannten, die dem Gelingen dieser Arbeit beigetragen haben. Zuletzt seien noch meine Eltern, Melek und Adem Erdem erwähnt, die mich während meinem Studium auf liebevolle Weise begleitet haben und denen ich im Allgemeinen meinen Werdegang verdanke. Dank Ihnen stehe ich hier.

Der persische Soziologe Ali Shariati, zu dessen Bewunderern ich mich zähle, sagte einst:

> „Die aufgeklärte Seele ist eine Person, die sich ihres ‚menschlichen Zustandes' in ihrer Zeit und ihrem historischen und sozialen Umfeld bewusst ist und deren Bewusstsein ihr unweigerlich und notwendigerweise ein Gefühl der sozialen Verantwortung gibt."

Auch mit dieser sozialen Verantwortung habe ich versucht, die folgende Bachelorarbeit zu verfassen. So wie Shariati es in seinen Büchern tat und wie es auch in der muslimischen Tradition üblich ist, beginne ich mein Werk nun mit dem Namen Gottes:

> „Bis-millah'ir-rahman'ir-rahim..."

> „Im Namen Allahs, des Allerbarmers, des Barmherzigen...

1 Einleitung

Objektiv betrachtet wird das Leben des Homo sapiens durch Arbeit definiert. Sein Tagesablauf, sein sozialer Status, seine menschlichen Beziehungen – dies alles hängt mehr oder weniger von der beruflichen Tätigkeit ab, der er nachgeht. Während fast jeder vor einigen Jahrhunderten beruflich unabhängig war, also sein eigenes Stück Land bewirtschaftete, seine eigenen Nutztiere mästete oder für sich selbst vor dem heißen Ofen schmiedete, sind heute nur die wenigsten selbstständig. Die Mehrheit der Bevölkerung arbeitet in organisierten Unternehmen, unabhängig davon, ob sie körperliche oder geistige Arbeit verrichten. Von ihnen beziehen sie ihren Lebensunterhalt, für deren Fortschritt arbeiten sie. Der Erfolg von Unternehmen basiert in dieser Wechselbeziehung darauf, dass ihre Mitarbeiter[1] für sie produzieren oder Dienstleistungen verrichten. Dementsprechend erscheint es folgerichtig, dass ein Unternehmen mehr Umsatz machen kann, solange es mehr Personal hat. Die Voraussetzung hierbei wäre, dass die Abnehmer der hergestellten Produkte beziehungsweise die Bezieher der Dienstleistungen unbegrenzt sind. In einem Land gibt es jedoch nur eine begrenzte Anzahl an Erwerbstätigen, also Menschen, die einem Beruf nachgehen. Außerdem bietet sich auch nicht jede Person für jedes Unternehmen an, da diese nur in bestimmten Branchen tätig sind. In gleicher Weise haben besagte Menschen gewisse Interessen, die sie in ihrer Erwerbstätigkeit ausüben möchten. Also steht das Unternehmen vor dem Problem, dass es nicht genug Bürger gibt, die als Arbeitskraft in Frage kommen. Dies wird noch durch diverse Faktoren wie dem Demografischen Wandel verstärkt. Diese angesprochenen Probleme, die in gebündelter Weise langfristig gesehen für Unternehmen ein Hindernis darstellen, müssen zunächst analysiert werden. Denn vor der Suche nach Lösungswegen sollte zunächst das Problem selber angegangen werden, weil es durchaus sein kann, dass dieses Hindernis unschädlich gemacht werden kann. Die Beseitigung der vorhandenen Probleme ist jedoch nicht möglich, da Individuen auf diese Entwicklungen keinen beziehungsweise einen geringen Einfluss haben.

Konsequent wird also nach einer Lösung gesucht: Nach neuem Personal im Ausland. Auf der Erde gibt es mit Stand Februar 2019 ungefähr 7,6 Milliarden Menschen. Sicherlich eignen sich nicht alle davon als Personal und es sollte abgewogen werden, wie sinnvoll es ist, für eine Handwerkerstelle einen potenziellen

---

[1] Um den Lesefluss nicht zu unterbrechen, wird in der folgenden Arbeit lediglich die männliche Form benutzt. Gemeint sind jedoch alle Geschlechter.

Kandidaten aus Neuseeland einzufliegen. Jedoch gibt es sicherlich viele mögliche Bewerber aus der relativ nahen Umgebung. Die Frage ist nun, wie das Unternehmen diese Personen ansprechen, rekrutieren, einstellen und schließlich auch im Betrieb halten kann. Diese Themen werden in dieser Arbeit behandelt.

Für den Verfasser der Arbeit, der Enkelkind eines Gastarbeiters war, ergibt sich wiederum ein persönlicher Bezug. Als in den späten 1960'er Jahren diese Arbeitnehmer aus ihren Ländern nach Deutschland kamen, waren Onboarding und ähnliche Maßnahmen nicht vorhanden. Dies lag sicherlich daran, dass die Gastarbeiter nur für kurze Zeit behalten werden sollten. Wäre dennoch Onboarding angewandt worden, würde sich heute ein ganz anderes Gesellschaftsbild ergeben.

Die aktuelle Bundesregierung hat erkannt, dass die deutschen Unternehmen ihren Mangel an Personal inländisch nicht mehr beheben können. Unter anderem deswegen wurde auch im Dezember 2018 das Fachkräftezuwanderungsgesetz beschlossen, das die rechtliche Grundlage für das Einstellen von Nicht-EU-Bürgern darstellt. Nun liegt es an den Unternehmen, ihre Probleme mit den neu gewonnen Okkasionen zu lösen. In dieser Hinsicht kann die nachfolgende Arbeit als Ratgeber benutzt werden, denn schließlich ist es nicht damit getan, eine Stellenanzeige auf Englisch zu verfassen und zu hoffen, dass sich Menschen, die zufällig darauf stoßen, für diese Stelle melden. Die eigentliche Arbeit, vor allem in Form des Onboarding der neu gewonnen Mitarbeiter, beginnt erst danach.

2 Die aktuellen Probleme in Deutschland

Wie jede moderne Volkswirtschaft auch, hat die Bundesrepublik Deutschland und vor allem die Betriebe und Unternehmen, die ihren Sitz hierzulande haben, viele Probleme. Nachfolgend werden diese Hindernisse definiert, analysiert und ihre Auswirkungen auf das Human Resources Management erläutert.

2.1 Der demografische Wandel

Der demografische Wandel ist geradezu das größte Problem, das den Betrachtungsbereich, der für diese Arbeit wesentlich ist, beschäftigt.

2.1.1 Definition des demografischen Wandels

Laut dem Duden-Wörterbuch stammt der Begriff der Demografie aus dem Altgriechischen und setzt sich aus den zwei Wörtern, „dēmos" und „gráphein", also „Volk" und „Beschreibung" zusammen.[2] Dementsprechend bedeutet der verknüpfte Begriff Demografie „Volksbeschreibung", ergo „Volkswissenschaft". Drei Faktoren prägen diesen „Wandel" besonders: Geburten-, sowie Sterberate und die Migration.[3]

Die Basis des Begriffs ist einfach erklärt: „Nie zuvor haben Menschen so lange gesund gelebt und nie zuvor wurden in Deutschland so wenige Kinder geboren wie heute. Die Lebenserwartung steigt kontinuierlich, und es gibt immer weniger junge Menschen." [4] Hierdurch folgt, dass die Bevölkerung Deutschlands aufgrund des nach hinten verschobenen durchschnittlichen Sterbealters und der geringeren Geburtenrate im Schnitt immer älter wird und somit Probleme in der Arbeitsmarktsituation.

2.1.2 Auswirkungen des demografischen Wandels auf die Arbeitsmarktsituation in Deutschland

Der demografische Wandel betrifft laut Ahlers, Behrens-Potratz, Lüke und Matthes (2013) „sowohl die Makroebene (Gesellschaft), die Mesoebene (Betriebe) also auch die Mikroebene (Individuen)."[5] Im Zusammenhang mit der Arbeit ist die

---

[2] vgl. Duden: Demografie. [online]
[3] vgl. Kühn, Franka: Die demografische Entwicklung in Deutschland, bpb (2017). [online]
[4] Bundesministerium des Inneren: Jedes Alter zählt. [S. 5] [online]
[5] Ahlers, Friedel; Behrens-Potratz, Anja; Lüke, Karl-Heinz; Matthes, Roland (2013): Demografischer Wandel. [S. 3]

Betrachtung aller Ebenen erheblich. Schon 2006 sagten Walla, Eggen und Lipinski voraus, dass die EU-Länder aufgrund des Demografischen Wandels in den nächsten Jahrzehnten einen Verlust von ungefähr 60 Millionen Erwerbstätigen im Alter von 15 bis 65 bewältigen müssen.[6] Ein Auffangen dieses Ausfalls durch etwa eine verlängerte Arbeitszeit der Menschen oder dadurch, dass Frauen öfter arbeiten als früher, ist nur im kleinen Ausmaß möglich. Schon in der „Projektion der Arbeits(kräfte)angebotes bis 2050" des IAB, aus dem Walla, Eggen und Lipinski zitieren, müssten ab 2020 ungefähr 400.000 Ausländer jeden Alters jährlich einwandern. Dies muss erfolgen, damit das Erwerbspersonenpotenzial, also die Menge der Personen, die nötig sind, damit das wirtschaftliche Wachstum der deutschen Unternehmen konstant bleibt und die dafür nötig sind, um das Rentenniveau gleich zu halten, auf dem Niveau von 2004 stagniert.[6] Hierbei lohnt es sich, die Statistiken der Zuwanderungen nach Deutschland bis 2017[7] und die der Auswanderungen von Deutschland bis 2017[8] anzuschauen. Dabei ist feststellbar, dass beispielsweise 2010 und 2011 – also in den Jahren vor dem Bürgerkrieg in Syrien – die Differenz der Zu- und Auswanderungen bei +130.000 beziehungsweise +180.000 lag. Erst in den Jahren nach 2015, also im Jahr der so genannten „Flüchtlingskrise", steigt die Zahl der Nettoeinwanderung auf über 400.000. Es kann jedoch davon ausgegangen werden, dass diese Zahl bald wieder sinken wird, so wie sie es seit 2016 schon tut (von +500.000 auf ungefähr +416.000). Es ist also abzusehen, dass sich die Bevölkerungsstruktur, trotz der Migration in den letzten Jahren, verändern wird. Die Bevölkerung wird altern und die Betriebe werden sich somit schwer tun, weiterhin geeignetes und junges Personal zu finden.

---

[6] Walla, Wolfgang; Eggen, Bernd; Lipinski, Heike (2006): Der demographische Wandel. [S. 177 bzw. S. 182]

[7] BAMF: Anzahl der Zuwanderer nach Deutschland von 1991 bis 2017. [online]

[8] BAMF: Anzahl der Auswanderer aus Deutschland von 1991 bis 2017. [online]

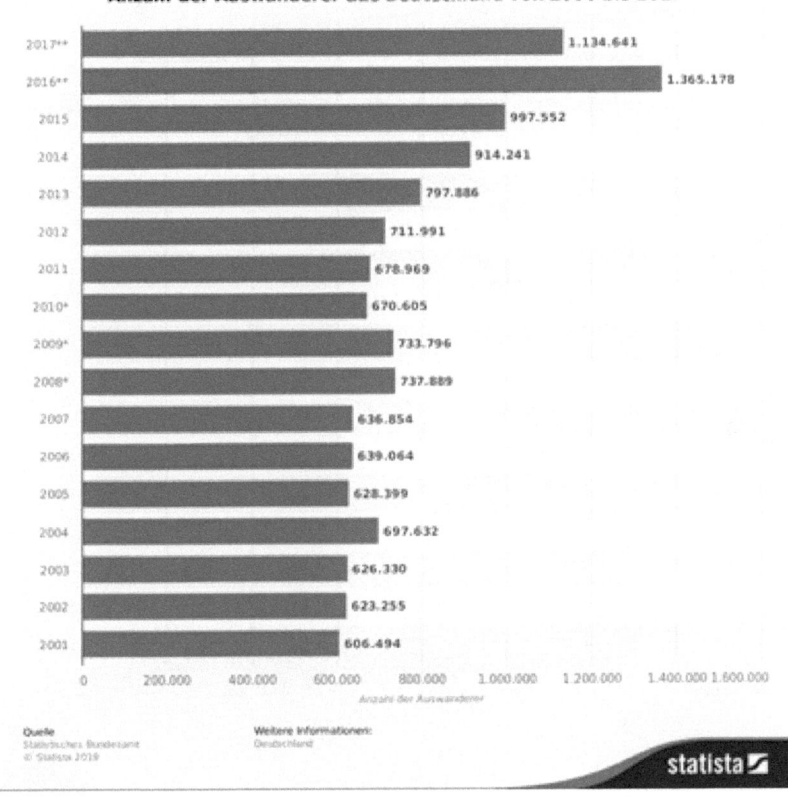

Abbildung 1: Anzahl der Auswanderer aus Deutschland von 2000 bis 2017[8]

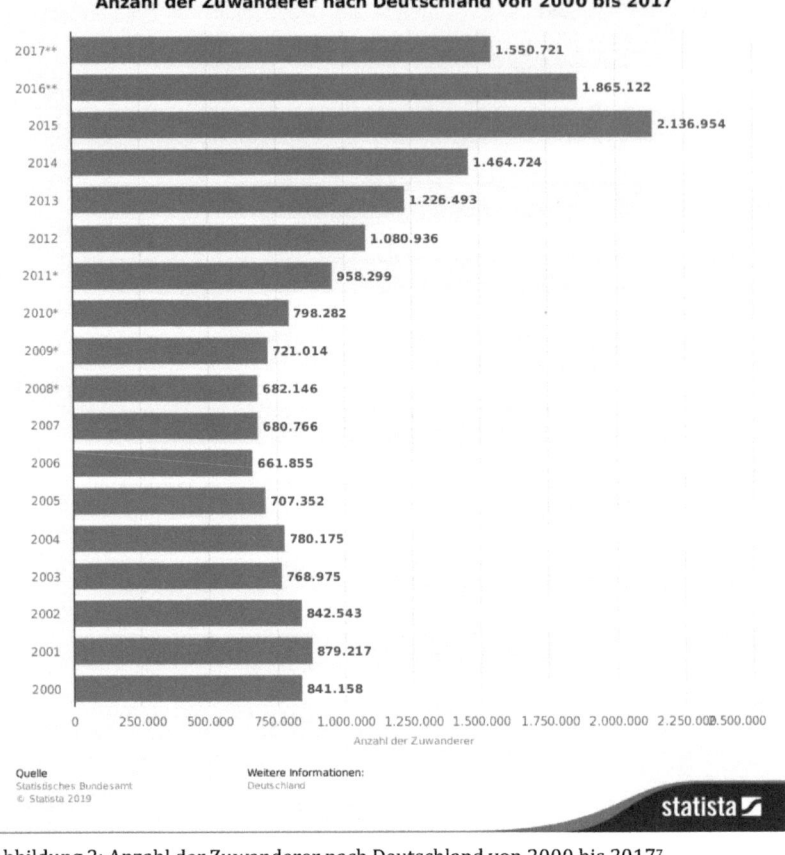

Abbildung 2: Anzahl der Zuwanderer nach Deutschland von 2000 bis 2017[7]

2.2 Der Fachkräftemangel

Ein weiterer Faktor, der vermutlich auch seine Wurzeln im demografischen Wandel hat, ist der Fachkräftemangel. Es kann davon ausgegangen werden, dass dieser den Betrieben sehr große Probleme bereitet und auch zukünftig bereiten wird.

2.2.1 Definition des Fachkräftemangels

Gemäß Obermeier (2014), muss zwischen „Arbeitskräftemangel, Fachkräftemangel und Fachkräfteengpass"[9] unterschieden werden. Hierbei differenziert

---

[9] Obermeier, Tim (2014): Fachkräftemangel, bpb. [online

Obermeier hinsichtlich der Zeitdauer, für die der Mangel besteht, und dem Objekt der Lücke. So muss laut ihm zunächst analysiert werden, ob dem betreffenden Arbeitsmarkt Arbeitskräfte, also generell Menschen, die in diesem Bereich arbeiten, fehlt, oder ob ihm speziell Personengruppen abgehen, die die Qualifikation dafür haben. Anschließend wird die Dauer des Ausbleibens der möglichen Belegschaft untersucht. Handelt es sich hierbei um einen dauerhaften Ausfall, wird von einem „Mangel" gesprochen, bei einer vorübergehenden Spanne jedoch von einem „Engpass". Schlussendlich kommt Obermeier zu der Aussage, dass es in Deutschland keinen generellen Arbeitskräftemangel geben kann. Jedoch gibt es in einigen Branchen und Bundesländern einen Fachkräfteengpass, teilweise auch einen Fachkräftemangel.

2.2.2 Gründe des Fachkräftemangels

Der Fachkräftemangel hat diverse Gründe. Dabei ist ein Großteil dieser Auslöser bedingt durch den Demografischen Wandel. Allerdings gibt es auch andere, die nachfolgend erläutert werden. So zeichnet sich die Wirtschaftsnation Deutschland durch ihre starke Orientierung am Export aus.[10] Hierbei wird vor allem durch Innovationen in den Gebieten der Technologie, „der Pharmaindustrie und der Medizintechnik"[11] gepunktet. Damit die Zahl neuer Inventionen und Innovationen stetig steigt, ist es wichtig, dass die MINT-Beschäftigung - sprich die Beschäftigung in den Bereichen der Mathematik, Informatik, Naturwissenschaft und Technik[12] – zunimmt.[13] Eine logische wirtschaftliche Schlussfolgerung ist, dass, wenn bestimmte Objekte – in diesem Fall seien es Akademiker und Fachkräfte der MINT-Berufe – begehrt sind, der Preis der „Beschaffung" dieser Objekte steigt. Es ist moralisch nicht verwerflich, wenn Personen mit Knowhow im genannten Bereich höhere Gehälter beziehen wollen, weil sie gefragter sind. Nun ergibt sich jedoch, – schlussfolgernd aus der vorgegangenen Schlussfolgerung – dass kleinere und mittlere Unter-nehmen, also diejenigen, die bis zu 249 Mitarbeiter beschäftigen,[14] wegen

---

[10] vgl. Statista: Die 20 größten Exportländer weltweit im Jahr 2017. [online]
[11] Bollessen, Doris (2014): Der fortschreitende Fachkräftemangel infolge des demographischen Wandels.
[12] vgl. Studi-Online: MINT – Was ist das eigentlich?. [online]
[13] vgl. Anger, Dr. Christina; Koppel, Dr. Oliver; Plünnecke, Prof. Dr. Axel (2018): MINT-Frühjahrsreport 2018. [S. 13]
[14] vgl. Institut für Mittelstandsforschung Bonn: KMU-Definition der Europäischen Kommission. [online]

ihrer logischerweise kleineren Gewinnmargen und Umsätze, den so wichtigen Fachkräften keine adäquate Bezahlung mehr bieten können. Diese entscheiden sich dann konsequent für größere Betriebe und Konzerne. Der Fachkräftemangel besteht sicherlich auch deswegen, weil sich schlicht nicht mehr genug Interessenten für bestimmte Berufsbilder finden. So fand im Juni 2018 das sechste Mal ein so genannter „MINT-Gipfel" statt.[15] Dennoch haben diese Expertenkommissionen bislang nichts an der Gesamtsituation verändert. Dort finden schlussendlich immer noch zu wenige Menschen ihre berufliche Zukunft.

2.2.3 Betroffenheit verschiedener Branchen vom Fachkräftemangel

Die Bundesagentur für Arbeit veröffentlicht halbjährlich ihre Fachkräfte-engpassanalyse, die die weiter oben beschriebenen Gegebenheiten anhand der aktuellen Zahlen aus den Branchen untersucht.[16] Im vorliegenden Bericht, der die Daten bis Oktober 2018 erfasst hat, wird festgehalten, dass momentan vor allem „Berufe[...] des Handwerks und des Baus"[17] betroffen sind, Engpässe in „technischen Berufsfeldern, sowie in Gesundheits- und Pflegeberufen"[17] zu finden sind. Der Rapport unterscheidet im Folgenden nach drei „Qualifikations-stufen": Fachkräfte, Spezialisten und Experten.[18] Weil es natürlich möglich ist, Fachkräfte zu Spezialisten und anschließend zu Experten auszubilden, lohnt es sich, zuerst den Engpass im Bereich der erstgenannten Fachkräfte zu beheben.

---

[15] vgl. Gillmann, Barbara: Das MINT-Forum müht sich ab – dennoch eilt der Fachkräftemangel von Rekord zu Rekord. Handelsblatt. [online]
[16] vgl. Bundesagentur für Arbeit: Engpassanalyse. [online]
[17] Bundesagentur für Arbeit (2018): Blickpunkt Arbeitsmarkt – Fachkräfteengpassanalyse. [S. 6]
[18] vgl. Bundesagentur für Arbeit (2018): Blickpunkt Arbeitsmarkt – Fachkräfteengpassanalyse. [S. 15]

2.3 Die Digitalisierung

Ein Problem, das vor allem im öffentlichen Interesse steht, ist die Digitalisierung. Dieser abstrakte Begriff beinhaltet verschiedene Teilbereiche, die im Folgenden erörtert werden.

2.3.1 Definition der Digitalisierung

Digitalisierung, „Digitaler Wandel", sowie der Begriff „Industrie 4.0", gehen Hand in Hand und sind in aller Munde. Eine genaue Definition des Begriffs „Digitalisierung" fehlt leider häufig. „Industrie 4.0" hingegen wird wie folgt definiert: „Industrie 4.0 bezeichnet die intelligente Vernetzung von Maschinen und Abläufen in der Industrie mit Hilfe von Informations- und Kommunikationstechnologie."[19] Während der Begriff „Industrie 4.0" nur für die Produktion und Weiterverarbeitung in Industrieunternehmen gilt, bezieht sich „Digitaler Wandel" auf alle betrieblichen Bereiche und umfasst „alle Änderungen und Auswirkungen [...], die mit dem Umgang, der Anwendung und der dynamischen Weiterentwicklung digitaler Technologien zu tun haben"[20], also beispielsweise sowohl den Einsatz digitaler Technologien bei der Bewerberexpertise im Human Resources Management, als auch das Einscannen von alten Rechnungen in der Finanzabteilung.

2.3.2 Probleme aufgrund der Digitalisierung

Viele Experten sind mittlerweile der Auffassung, dass kein Unternehmen ohne die Digitalisierung langfristig überleben kann.[21] Dennoch ist diese - laut dem Digitalisierungsindex der Deutschen Telekom - in 55 % der Unternehmen immer noch kein Bestandteil der Geschäftsstrategie.[22] Vor allem die Branchen des Handels, sowie der Baubranche – die schon bereits im Rahmen ihres Fachkräftemangels in Erscheinung getreten ist – fallen hier negativ auf. Das Hauptaugenmerk – vor allem im Kontext der Arbeit – liegt jedoch auch auf einem anderen Punkt: Zwar fordert der Digitale Wandel digitales Knowhow, bringt aber – vor allem den Mitarbeitern – auch große Erleichterungen. So können diese, langfristig gesehen, ihren

---

[19] Bundesministerium für Wirtschaft und Energie: Was ist Industrie 4.0?. [online]
[20] Deutsche Forschungsgemeinschaften (2019): Digitaler Wandel in den Wissenschaften. [online]
[21] vgl. Hillmoth, Gabriele (2018): „Ohne Digitalisierung funktioniert heute kein Unternehmen mehr". [online]
[22] vgl. Deutsche Telekom AG (2018): Digitalisierungsindex Mittelstand 2018. [S. 4] [online]

Arbeitsaufwand verringern. Ergo birgt die Digitalisierung – neben vielen anderen Zweckdienlichkeiten – den Vorteil, dass die Mitarbeiterzufriedenheit erhöht werden kann.[23] Im Umkehr-schluss bedeutet das, wenn ein Betrieb bei der Digitalisierung nicht mitzieht, er seine Arbeitgeberattraktivität auf lange Dauer verliert. Die zu verlierende Marktattraktivität ist ebenfalls ein nicht zu vernachlässigendes Problem.

---

[23] vgl. Deutsche Telekom AG (2018): Digitalisierungsindex Mittelstand 2018. [S. 9] [online]

3 Die Lösung: Menschen aus dem Ausland anstellen

Nach allen aufgezählten Problemen und die Schwierigkeit, Lösungen dafür zu generieren, liegt der Gedanke nicht weit, das Panazee dieser Kernfragen darin zu suchen, Erwerbstätige aus anderen Staaten einzustellen. Nachfolgend wird zunächst erörtert, ob die Sachverhalte nicht inländisch gelöst werden können. Anschließend wird - nach der Beantwortung dieser Frage - die Art und Weise der Auslands-Mitarbeitersuche im Allgemeinen diskutiert.

3.1 Möglichkeit der inländischen Lösung der Probleme

Mit Stand Januar 2019 gibt es in Deutschland ungefähr 2,4 Millionen Arbeitslose.[24] Laut dem Wirtschaftsforschungsunternehmen Prognos ist im Jahre 2030, also in fast einem Jahrzehnt, eine Fachkräftelücke von circa 3 Millionen Menschen zu erwarten.[25] Nun könnte sicherlich an die Problemstellung mit dem Gedanken herangegangen werden, die offenen Stellen für Fachkräfte mit genau diesen Erwerbssuchenden zu besetzen. Demnach ergibt sich „nur noch" ein Engpass von 600.000 Personen. Dies wird natürlich nicht funktionieren. Hierzu gibt es unterschiedliche Gründe. Zunächst ist festzuhalten, dass von den 2,4 Millionen Erwerbssuchenden lediglich 900.000 Fachkräfte sind. Die Mehrheit der Verbleibenden – fast 1,1 Millionen – sind Helferund somit von der Qualifizierungsstufe her niedriger als Fachkräfte angesiedelt. Somit bedeutet das, dass – sofern der erlernte Beruf zum Benötigten passt – diese weiter qualifizieren werden müssten.[26] Dazu kommt, dass in den meisten Fällen eine Umschulung vorgenommen werden muss, da sich beispielsweise ein gelernter Schuhmacher nicht direkt problemlos als Altenpfleger behaupten kann, sondern erst einmal eine Ausbildung braucht. Egal ob Umschulung oder Weiterbildung zur Fachkraft – beide Alternativen dürfen mit brachial hohen Ausgaben verbunden sein, wenn grob gerechnet von Kosten in Höhe von 36.000,- Euro pro Umschulung und Person ausgegangen wird.[27] Das IAB kommt in seinem Discussion Paper mit dem Titel „Fachkräftemangel: Inländische Personal-

---

[24] vgl. Bundesagentur für Arbeit: Arbeitsmarkt im Überblick – Berichtsmonat Januar 2019 – Deutschland. [online]
[25] vgl. Prognos AG (2017): Prognos blickt auf Fachkräftesituation in Deutschland. [online]
[26] vgl. Bundesagentur für Arbeit (2019): Arbeitsmarktdaten nach Zielberufen: Arbeitslose, Arbeitsuchende und gemeldete Arbeitsstellen. [Kapitel 1.1] [online]
[27] vgl. UmschulungsRatgeber: Eine Umschulung ist verbunden mit Kosten. [online]

reserven als Alternative zur Zuwan-derung" zur Erkenntnis, dass es eher hilft, Erwerbsquoten zu maximieren, so durch Steigerung von Erwerbspotenzialen bei zum Beispiel Frauen, speziell Migrantinnen. Aber selbst hierbei gelingt nur ein „teilweiser Ausgleich des erwarteten Rückgangs des Erwerbspersonenpotenzials".[28] Im Laufe ihrer Schlussfolgerung konkludieren die Autoren, dass der Fachkräftemangel nur mit Maßnahmen wie der Rente mit 70, also einem Pensioneintrittsalter mit 70 Jahren, langfristig gedämpft werden kann. Davon, dass er komplett aufgehalten kann, ist gar nicht erst die Rede. Gar nicht erwähnt wurde bislang, dass manche Berufe – wie in Kapitel 2.2.2. erläutert – nicht attraktiv genug sind. So gilt bisweilen eine Anstellung in der Altenpflege als unbeliebt, weil die Bezahlung nicht passt und auch die Arbeitsbedingungen nicht die besten sind.[29] Auch die geringe Wertschätzung durch die Gesellschaft dürfte hierbei eine Rolle spielen. Dementsprechend ist verständlich, dass viele Deutsche diesen Beruf nicht ausüben wollen.

3.2 Die Lösung im Ausland suchen

In Kapitel 3.1. wurde dargelegt, dass vor allem der Fachkräftemangel inländisch nicht mehr behoben werden kann. Folgerichtig erscheint es, die Lösung im Ausland zu suchen. Wenn einem die Geschichte Deutschlands vor Augen erscheint, kamen in den Nachkriegsjahren viele Gastarbeiter hierher und verrichteten harte körperliche Arbeiten zu niedrigen Löhnen.[30] Auch wenn die Bevölkerung gegenüber den Neuan-kömmlingen skeptisch war, konnte nicht abgestritten werden, dass diese denjenigen Tätigkeiten nachgingen, die dem Durchschnittsbürger zu unattraktiv waren. Es ergeben sich Parallelen zu heute. Als Folge dieser Anwerbungen erscheint Deutsch-land als starke Exportnation mit stabiler Industrie.[10] Warum sollte sich also – rein wirtschaftlich gesehen – davor verschlossen werden, kontrollierte und geplante Zu-wanderung zuzulassen, wenn in Folge davon profitiert werden kann?

---

[28] Fuchs, Johann; Weber, Brigitte (2018): Fachkräftemangel: Inländische Personalreserven als Alternative zur Zuwanderung. [S. 19] [online]
[29] Mitteldeutsche Zeitung: „Der Pflege-Beruf ist nicht attraktiv". [online]
[30] Rehbein, Ulla (2011): Hintergrund: Gastarbeiter im Westen – Das Wirtschaftswunder. [online]

3.3 Kompatibilität von Fachkräften bestimmter Länder mit bestimmten Branchen

Nachdem es nun klar sein sollte, dass Mitarbeiter aus dem Ausland erheblich sind, stellt sich jetzt die Frage, welchen Ländern speziell Beachtung geschenkt werden sollte, sprich welche von diesen Staaten eventuell einen Überschuss an denjenigen Fachkräften haben, die wir so dringend benötigen. Sicherlich handelt es sich beim Arbeitsmarkt um einen Wettbewerb, bei dem gewisse Personenkreise mit höheren Angeboten angeworben werden können. Allerdings sollten einige moralische Richt-linien befolgt werden und so verhindern, dass es in dem Land, in dem Personal angeworben wird, zu Fachkräfteengpässen kommt. Dies würde nämlich einen Kreislauf verursachen, weil diese Länder dann wiederum bei anderen um Personal werben würden. Um nachhaltig zu agieren, ist es erforderlich, sich ausschließlich an überschüssigen Fachkräften diverser Staaten zu orientieren. Mit Stand Februar 2019 gibt es auf der Welt 194 Länder. Bei der Suche nach den geeignetsten unter diesen sollten Unternehmen sich logischerweise auf diejenigen konzentrieren, die eine sehr hohe Bevölkerungszahl haben. Hierbei kristallisieren sich zwei Länder besonders heraus: Indien und China. Es könnte davon ausgegangen werden, dass in China bestimmt viele Arbeitskräfte zu haben sind. Allerdings ergibt sich ein großes Problem: Das Reich der Mitte – wie es genannt wird – wird vor allem in der aktuellen Zeit immer öfter mit Industriespionage in Verbindung gebracht.[31] Das bedeutet, dass die Volksrepublik Verfahren und Prozesse in den Industrien anderer Länder beobachtet und sich diese zu eigen macht. Anschließend kann sie die angebotenen Produkte und Dienstleistungen oft zu niedrigeren Preisen anbieten und profitiert hieraus. Ergo würde die Anwerbung von chinesischen Fachkräften einer Einladung an die chinesische Regierung, den Erfolg deutscher Firmen auszuspionieren, gleichkommen. Somit bleibt noch Indien als Alternative. Es gibt Prognosen, nach denen das Land, China als größte Nation der Erde ablösen könnte. Und dies innerhalb der nächsten Dekade. Hierzulande klagen wir über einen Fachkräftemangel, während der Subkontinent innerhalb der nächsten elf Jahre einen Überschuss an Fachkräften von 245 Millionen zu beklagen haben wird.[32] Diese Zahl ist das Dreifache der momentanen deutschen Bevölkerung. Weitere Vorzüge sind,

---

[31] vgl. TecChannel Workshop: China und Algerien erspitzeln Technologie. Wirtschaftsspionage zielt auf deutsche Unternehmen. [online]
[32] vgl. The Hindu Business Line (2018): India to have talent surplus of 245 million workers by 2030: Study. [online]

dass Englisch in Indien Amtssprache ist und von einer großen Mehrheit der Einwohner gesprochen wird. Dies bedeutet, dass es keine großen kommunikativen Probleme hinsichtlich der Sprachbarriere geben würde. Außerdem gelten vor allem die Akademiker in Indien als gut ausgebildet.[33] Laut der „Hindu Business Line", hat Indien einen Überschuss an Fachkräften in den Bereichen des Finanzwesens, der Technologie, den Medien, der Telekommunikation, sowie in der Produktion.[32] Im Engpassbericht der Agentur für Arbeit ist auch die Rede davon, dass in den verarbeitenden und auch in den technischen Berufen das Personal ausgeht.[16] Hier könnten vor allem Fachkräfte aus Indien nachhelfen. So wäre zumindest eine der vielen Lücken geschlossen. In den Gesundheits- und Pflegeberufen wurde innerhalb der letzten Zeit versucht, diesen Engpass mit Personal aus dem östlichen Europa zu schließen. Laut Zeitungsberichten arbeiteten im Jahr 2017 zwischen 115.000 und 300.000 Pflegekräfte aus Ländern wie Polen, Ungarn oder der Slowakei in Deutschland.[34] Viele dieser Arbeitskräfte kommen aus finanziellen Gründen hierher. Über die Arbeitsmarktsituation in den betroffenen Ländern selber gibt es kaum Berichte. Womöglich könnte es vorkommen, dass deutsche Pflegeunternehmen mit Ihrem Anwerben osteuropäischer Altenpfleger die Situation in den jeweiligen Staaten verschlimmern. Es gibt eine bessere Möglichkeit: Die Deutsche Gesellschaft für internationale Zusammenarbeit arbeitet beispielsweise zusammen mit der Agentur für Arbeit an einem Programm, das Pflegefachkräfte aus Ländern wie Serbien, Bosnien und Herzegowina, den Philippinen sowie Tunesien nach Deutschland vermittelt. Der Grund, warum gerade mit diesen Staaten zusammengearbeitet wird, ist folgender: Diese Nationen haben – wie am Anfang dieses Kapitels beschrieben – einen Überschuss an Fachkräften.[35] Deutschland würde ihnen also durch die Rekrutierung sogar einen Gefallen erledigen. Übrig bleibt noch die Baubranche. Dieser Bereich ist für eine Volkswirtschaft äußerst wichtig, da sie Wohn- und Arbeitsgebäude, somit auch neue Arbeitsplätze schafft. So war das auch in der Türkei bis vor kurzem. Das Hoch der Bauindustrie wurde durch den Staat gefördert, weshalb in wenigen Jahren viele Objekte der Infrastruktur neu gebaut

---

[33] vgl. Obmann, Claudia (2011): Akademiker aus Asien. Gebildet, jung - und heiß umworben. Wirtschaftswoche. [online]
[34] vgl. Haak, Julia (2017): Fachkräftemangel. Berliner vermittelt Pfleger aus Ost-Europa. Berliner Kurier. [online]
[35] vgl. Deutsche Gesellschaft für internationale Zusammenarbeit (2018): Wenn alle gewinnen – internationale Pflegekräfte für Deutschland. Triple Win vermittelt qualifiziertes Pflegepersonal aus dem Ausland an deutsche Arbeitgeber. [online]

wurden. Durch den Verfall der einheimischen Währung kam es jedoch dazu, dass viele Bauvorhaben gekippt wurden.[36] Laut dem landesweit anerkannten Wirtschaftsbeobachter Ibrahim Kahveci, könnte die branchenspezifische Arbeitslosigkeit im Baubereich demnächst zwei Millionen betragen.[37] Hier könnte Deutschland einspringen: Wenn es – bedingt durch die Situation der lokalen Baubranche – einen plötzlichen Überschuss an Fachkräften in der Baubranche gibt, sollte Deutschland kurzfristig handeln und dieses Personal rekrutieren. So wäre beiden Seiten geholfen: Die Türkei müsste kurzfristig kein Arbeitslosengeld zahlen, Deutschland hätte offene Stellen geschlossen. Gerade beim letzten Beispiel sollten Unternehmen sich natürlich nicht rein auf die Türkei konzentrieren. Es gibt sicherlich viele Länder, die eine ähnliche Entwicklung durchmachen. Allgemein kann gesagt werden, dass die Bauindustrie eine Branche ist, die stark von der Inflation beeinflussbar ist, da in den wenigsten Ländern die Rohstoffe für Neubauten innerhalb der eigenen Grenzen hergestellt werden. Wenn die Preise für beispielsweise Ziegel oder Mörtel steigen, kann das für einige Firmen den Ruin bedeuten.[36] Es ist also an den eben gewonnen Erkenntnissen abzusehen, dass die Überschusszahlen vieler Länder mit den Engpasszahlen Deutschlands kompatibel sind. Durch Verschiebungen kann vieles in Gleichgewicht gebracht werden. Von diesen Entwicklungen gilt es zu profitieren.

3.4 Bereitschaft dieser Fachkräfte, nach Deutschland zu ziehen

Viele Aspekte sind in diesem Kapitel anbringbar. Damit ein Mensch aus seinem Heimatland in ein fremdes ziehen soll, müssen aber – grundsätzlich gesagt – viele Punkte passen. Die Deutsche Gesellschaft für internationale Zusammenarbeit, von der auch in Kapitel 3.3. berichtet wurde, erstellt alle drei Jahre eine Deutschland-Studie, die das Ziel hat, herauszufinden, wie die Welt über Deutschland denkt. Hierbei wurden auch Gedanken der Bevölkerung bestimmter Länder in ihrer Gesamtheit in einzelnen Aussagen formuliert. So heißt es von indischer Seite: „Deutschland sollte lernen, wie man das Leben etwas chaotischer und dadurch interessanter machen kann."[38] Unser Land merkt also allein durch dieses Zitat, dass die typisch deutschen Tugenden wie Pünktlichkeit und Disziplin nichts für jeden sind. Im

---

[36] vgl. Karasu, Kristina (2018): Wirtschaftskrise in der Türkei. Wie sich die türkische Krise an einem Bauprojekt zeigt. Der Tagesspiegel. [online]
[37] vgl. Kahveci, Ibrahim (2018): İşsizlik tablosu çok ciddi. Karar. [online]
[38] Deutsche Gesellschaft für internationale Zusammenarbeit (2018): Deutschland in den Augen der Welt. [online]

Gesamtpaket des Berichts kommt zum Vorschein, dass zwar einzelne Bereiche Deutschlands kritisiert werden, es im Großen und Ganzen aber passt. Deutschland ist beliebt. Dass Menschen denken, dass Bürger in Deutschland gut leben können, zeigt sich auch aus den Zieldestinationen von Geflüchteten. Aus den Zahlen des Hochkommissars der Vereinten Nationen für Flüchtlinge (UNHCR) wird erkenntlich, dass die meisten Schutzberechtigten, die nach Europa fliehen, hierher wollen.[39] Kontrolliert-zugewanderte Arbeitskräfte sind jedoch nicht das gleiche wie Kriegsflüchtlinge. Während die einen gezwungenermaßen ihre Heimat verlassen, kommen die anderen freiwillig. Also sollten Unternehmen sich weitere Gedanken machen. Es ist klar, dass den möglichen Arbeitskräften vor allem das Finanzielle wichtig ist. Hier kommt die Idee auf, diesen den Mindestlohn oder ein wenig mehr zu bezahlen, als es in ihrer Heimat üblich ist. Das sollte aber auf keinen Fall so gemacht werden, da Vorgesetzte diese Mitarbeiter langfristig im Unternehmen halten wollen. Es gehört zu den Prinzipien eines guten Führens, dass Mitarbeiter fair behandelt werden. Ergo sollten auch Mitarbeiter, der zwar aus einem anderen Land gekommen ist, aber genau so viel Knowhow hat, gleich behandelt werden. Klar ist, dass beispielsweise jemand aus Indien, der eine dunklere Hautfarbe als die Bevölkerungsdurchschnitt hat, sich keinen rassistischen Anfeindungen aussetzen möchte. Dies passiert jedoch immer öfter, zuletzt auf dem Oktoberfest in München.[40] Für das Unternehmen ist in diesem Fall besonders wichtig, den neu angeworbenen Mitarbeitern zu vermitteln, dass Rassismus im Betrieb konsequent abgelehnt wird. Wenn das schon von Anfang an klar gemacht wird, steigt die Bereitschaft, umzusiedeln. Vor allem Inder gelten generell als besonders umziehfreudig, leben doch 31 Millionen von ihnen nicht in ihrem Heimatland.[41] Durch das Werben mit einem organisierten Onboarding sollten die meisten der interessanten Arbeitskräfte motivieren werden können.

3.5 Rechtliche Vorgaben für den Zuzug von ausländischen Fachkräften

Für die mögliche Beschäftigung von ausländischen Fachkräften sind einige rechtliche Vorgaben zu beachten. Im Folgenden werden die Regelungen hinsichtlich der Anstellung dieser Erwerbstätigen erläutert. Hinsichtlich dem Zuzug, das den Zweck

---

[39] UNHCR (2018): Global Trends. Forced Displacement in 2017. [online]
[40] tz (2018): Oktoberfest: Inder werden von Rechtsradikalen getreten und geschlagen – Drei Täter flüchtig. [online]
[41] Ministry of External Affairs (India): Population of Overseas Indians. [online]

hat, Arbeit in Deutschland zu finden, wird zwischen Ländern unterschieden: So dürfen Bewohner der Staaten der z, Island, Liechtenstein und Norwegen problemlos nach Deutschland einreisen und Arbeit aufnehmen.[42] Außerdem wurden im Laufe der Jahre Ausnahmeregelungen für Menschen aus „Andorra, Australien, Japan, Israel, Neuseeland, Republik Korea, Albanien, USA, San Marino, Bosnien und Herzegowina, Mazedonien, Kosovo, Serbien und Montenegro" geschaffen.[43] Juristisch gesehen wird bei dieser Situation von Freizügigkeit gesprochen, also demjenigen Recht, „in einem anderen [...] Arbeit zu suchen, dort zu arbeiten, ohne dass eine Arbeitserlaubnis erforderlich wäre, zu diesem Zweck dort zu wohnen, selbst nach Beendigung des Beschäftigungsverhältnisses dort zu bleiben [und] hinsichtlich Zugang zu Beschäftigung, Arbeitsbedingungen [...] genauso behandelt zu werden wie die Staatsangehörigen des Aufnahmelandes."[44] Potentielle Kandidaten außerhalb dieser Länder brauchen jedoch eine Arbeitserlaubnis. Hier wird wiederum unterschieden: Wenn die betreffende Person keinen Hochschulabschluss, sondern nur eine mindestens zweijährige qualifizierte Berufsausbildung hat, wird je nachdem, ob die Ausbildung in Deutschland oder im Ausland absolviert wurde, entschieden. So dürfen Menschen aus Drittstaaten, die eine Ausbildung in Deutschland haben, bei Vorlage eines Arbeitsvertrags einreisen. Eine im Ausland absolvierte Berufsausbildung darf nur bei einem so genannten Mangelberuf (siehe Kapitel 2.2) ausgeübt werden. Die Liste dieser Tätigkeiten ist der Positivliste der Bundesagentur für Arbeit zu entnehmen.[45] Personen ohne qualifizierende Berufsausbildung dürfen nicht zum Arbeiten hierher ziehen. Bei Hochschulabsolventen hingegen muss ebenfalls ein Arbeitsvertrag vorliegen. Hier stellt sich die Frage, ob der Arbeitnehmer mehr als „zwei Drittel der jährlichen Beitragsbemessungsgrenze in der allgemeinen Rentenversicherung"[46] verdient. Dies sind im Jahr 2019, 53.600 Euro. In so einem Fall wird dem Betreffenden eine Erlaubnis in Form der Blauen Karte EU erteilt. Diese sieht vor, dass grundsätzlich vier Jahre in Deutschland gearbeitet werden kann. Wenn Mitarbeiter innerhalb dieser Zeit 33 Monate oder mehr zu den oben genannten Konditionen gearbeitet haben, wird die Erlaubnis unbefristet.[45]

---

[42] vgl. Rauch, Sandra (2012): Ausländische Fachkräfte rechtssicher beschäftigen. Handwerk Magazin. [online]
[43] Personio: Arbeitserlaubnis. [online]
[44] Europäische Kommission: Freizügigkeit EU-Bürger. [online]
[45] vgl. Bundesagentur für Arbeit: Migration-Check für Arbeitnehmerinnen und Arbeitnehmer. [online]
[46] Bundesamt für Migration und Flüchtlinge (2019): Aufenthalt in Deutschland. [online]

Falls sich die Situation ergibt, dass der Betroffene weniger als 53.600 Euro verdient, wird noch einmal unterschieden, ob es sich um einen Beruf der MINT-Gruppe beziehungsweise um eine ärztliche Tätigkeit handelt. Außerdem rechnet der Staat in diesem Fall mit einer geringeren Bemessungsgrenze, nämlich 41.808 Euro, also 78 Prozent von „zwei Drittel[n] der jährlichen Beitragsbemessungsgrenze in der allgemeinen Rentenversicherung".[46] Sollte es sich ergeben, dass der potentielle Arbeitnehmer kein Angehöriger der MINT-Berufe ist oder weniger als die geforderten 41.808 Euro verdient, kommt es nun darauf an, ob er seinen Hochschulabschluss in Deutschland gemacht hat, oder nicht. Wenn ja, kann er bei vorliegendem Arbeitsvertrag dennoch einreisen, falls nicht, kann er es dennoch, aber nur, wenn die Arbeit der Ausbildung angemessen erscheint. Ein Arzt beziehungsweise eine Person, die im Feld der MINT-Tätigkeiten arbeitet und mehr als oben genannte Summe verdient, bekommt wiederum eine Arbeitserlaubnis in Form der Blauen Karte EU, wenn der gezahlte Lohn ortsüblich ist.[45] Durch das Fachkräftezuwanderungsgesetz von Dezember 2018 haben sich nun einige Änderungen zum oben Erklärten ergeben: So können Interessierte, die eine qualifizierende, mindestens zweijährige Berufsausbildung vorweisen können, für bis zu sechs Monate einreisen, wenn Sie genügende Kenntnisse der deutschen Sprache und einen gesicherten Lebensunterhalt haben. In dieser Zeit steht es Ihnen frei, sich zu bewerben und in diesem Rahmen auch Praktika oder Probearbeiten mit bis zu zehn Stunden pro Woche zu absolvieren.[47] Der Hintergrund beruht auf der Beschleunigung der Qualifikationen. Außerdem bekommt jeder Arbeitnehmer mit Berufsausbildung, der hier zwei beziehungsweise vier Jahre gearbeitet hat – je nachdem, ob eine deutsche oder eine ausländische Ausbildung vorliegt – eine Niederlassungserlaubnis. Abzusehen ist, dass die Gesetzgebung erkannt hat, dass die Unternehmen ausländische Fachkräfte brauchen. Die Hürden, diese Personen nach Deutschland zu bringen, wurden gesenkt. Nun wird versucht, die bürokratischen Abläufe zu verkürzen.

---

[47] vgl. Bundesministerium für Arbeit und Soziales (2018): Fachkräfteeinwanderungsgesetz. [online]

4 Personalmarketing und –beschaffung im Ausland

Da die Grundlage der gesetzlich-rechtlichen Bestimmungen gelegt ist, steht der Weg der Einstellung ausländischer Mitarbeiter frei. Hinterfragt wird hierbei, wie die Personengruppen anzusprechen sind. Im Folgenden wird Bezug auf das Vorgehen in Deutschland genommen. Explizit werden die Maßnahmen der Arbeitsverhältnisse im In- und Ausland thematisiert. Es stellt sich die Frage, wie ein Betrieb diese Gruppen am besten ansprechen kann. Hierzu wird nachfolgend das Vorgehen in Deutschland erklärt. Anschließend wird geklärt, ob die deutschen Maßnahmen dafür geeignet sind, auch im Ausland benutzt zu werden. Außerdem werden die Anforderungen der Menschen, die nicht aus Deutschland sind, mit denjenigen Anforderungen verglichen, die deutsche Unternehmen an diese Menschen haben. Zum Schluss erfolgt eine Aufzählung von Instrumenten der Personaldiagnostik, speziell bei einer Rekrutierung im Ausland.

4.1 Grundsätzlicher Ablauf des Personalmarketings in Deutschland

Das Personalmarketing ist Teil der Personalplanung und – im Gegensatz zu Aspekten des Personalmanagements wie zum Beispiel Entgeltabrechnung oder Personalcontrolling – trägt eine unternehmensübergreifende Querschnitts-funktion.[48] Es wirkt grundsätzlich auf drei verschiedenen Ebenen: der externen, der internen sowie auf der Arbeitgeberattraktivitäts-Dimension.[49] Die interne Dimension deckt hierbei, wie es der Name schon sagt, das Innere des Unternehmens ab. Die Frage lautet, inwiefern Mitarbeiter im Betrieb gehalten und gefördert werden können.[50] Denn genau dieses Fördern und die daraus resultierende Symbolkraft, dass einem das Personal wichtig ist und Betriebe in genau diese investieren, sind später hilfreich bei der Suche nach neuen Arbeitnehmern. Außerdem können Firmen Mitarbeiter langfristig im Unternehmen halten, womit eine geringe Fluktuation – also einem geringen Vorkommen davon, dass das Personal kündigt und neues eingestellt werden muss – erreicht wird. Beim externen Personalmarketing handelt es sich um jegliche Maßnahmen, das Unternehmen nach außen hin attraktiv zu

---

[48] vgl. Bühner, Rolf (2005): Personalmanagement.
[49] vgl. Deutsche Gesellschaft für Personalführung e.V. (2005): Erfolgsorientiertes Personalmarketing in der Praxis. [S.13 – 15]
[50] vgl. Deutsche Gesellschaft für Personalführung e.V. (2005): Erfolgsorientiertes Personalmarketing in der Praxis. [S. 32]

gestalten. Um dies zu erreichen, stellt ein Betrieb seine besonderen Kompetenzen auf Unternehmenshomepages, auf Imageanzeigen, auf Presseartikeln oder auf Messen hervor.[51] Arbeitgeberattraktivität hingegen ist sozusagen die Wirkung der Mischung von den beiden anderen Dimensionen. Das Ziel ist die Festigung eines Bildes vom Unternehmen, auf dem aufgebaut wird.[52] Weiter oben wurden einige Maßnahmen, die aus diesen Wirkungsdimensionen hervorgehen, genannt. Hinzu kommen selbstverständliche Personalbeschaffungsinstrumente wie Stellenanzeigen, Social Media, Headhunting, Personaldienstleister und Mitarbeiterempfehlungen.[53]

4.2 Kompatibilität der inländischen Maßnahmen mit internationalem Personalmarketing

Nun, da die in Deutschland eingesetzten Personalmarketing- beziehungsweise Personalbeschaffungsinstrumente bekannt sind, sollte überprüft werden, ob diese Maßnahmen dazu geeignet sind, in der internationalen Personalakquise eingesetzt zu werden: Das interne Personalmarketing wirkt logischerweise vor allem lokal, weil vor allem auf die "Mund-zu-Mund-Propaganda" gesetzt wird. Außerdem wird beabsichtigt, dadurch vorhandene Mitarbeiter zu binden. Für die globale Nutzung sind die Instrumente des internen Personalmarketings also nicht zielführend. Ähnlich ist es bei der Arbeitgeberattraktivität: Wenn ein Unternehmen X ein bestimmtes – sei es positiv oder negativ – Bild in den Köpfen der Bewerber hervorruft, so ist nicht zwangsläufig davon auszugehen, dass dasselbe Bild in den Köpfen ausländischer Bewerber vorhanden ist. Die Arbeitgeberattraktivität beziehungsweise das Employer Branding hilft vor allem multinationalen Firmen, die in vielen Ländern beheimatet oder vertreten sind. Ein mittelständisches Unternehmen aus Deutschland ist wahrscheinlich jedoch nicht so bekannt. Bleibt also noch das externe Personalmarketing. Dieses und seine Maßnahmen sind auch zielführend dabei, ausländisches Personal anzusprechen. Durch beispielsweise – wie oben beschrieben – Imagekampagnen in ausländischen Zeitungen, multilingualen Unternehmens-auftritten und dergleichen öffnet es sich einem größeren Publikum. Messebesuche in anderen Ländern zeigen den Interessenten aus einem bestimmten Land, dass

---

[51] vgl. Deutsche Gesellschaft für Personalführung e.V. (2005): Erfolgsorientiertes Personalmarketing in der Praxis. [S. 30 - 31]
[52] vgl. Deutsche Gesellschaft für Personalführung e.V. (2005): Erfolgsorientiertes Personalmarketing in der Praxis. [S. 28 - 29]
[53] vgl. Agentur Junges Herz: Personalbeschaffung. [online]

Rücksicht auf sie genommen wird und Interesse besteht. Die anderen genannten Personalbeschaffungsmaßnahmen müssen einzeln auf Kompatibilität überprüft werden. Stellenanzeigen in Zeitungen sind nach einer kurzen Recherche im Internet immer noch weltweit unumgänglich. Diese müssten natürlich dementsprechend auf den landesspezifischen Sprachen verfasst werden. Die Nutzung von Social Media als Recruiting-Instrument ist in unserer globalisierten Welt auch überall wichtig geworden. Sicherlich ist diese Entwicklung in einigen Ländern nicht so fortgeschritten wie in anderen. Allerdings ist Social-Media-Recruiting mittlerweile überall im Kommen. Zu beachten ist, dass nicht jede Social-Media-Seite überall gleich oft benutzt wird. So sind in China QZone, in Russland VKontakte, in einigen zentralasiatischen Staaten Odnoklassniki, in Iran Instagram und im Rest der Welt Facebook die meistbenutzten Social-Media-Kanäle.[54] Dement-sprechend gilt, wenn in diesen Staaten Personal beschafft werden soll, eher diese Social-Media-Netzwerke zu benutzen. Headhunting ist auch global vorhanden, mal mehr, mal weniger. Wichtig ist hierbei, gute Headhunter zu engagieren, was aber kostspielig sein kann. Personaldienstleister bieten sich international gesehen eher weniger an, wobei hingegen Mitarbeiterempfehlungen spannend sein können. Wenn es so beispielsweise türkische Mitarbeiter gibt, die Verwandte oder Bekannte in der Heimat haben, die eine qualifizierte Berufsausbildung in der Baubranche haben, können diese Mitarbeiter genau die fehlenden anwerben. Allerdings sollten Unternehmen sich nicht nur darauf verlassen, sondern Eigeninitiative zeigen. Ein eigenes Kapitel bilden Karrierenetzwerke wie Xing oder LinkedIn. Während sich Xing eher auf den deutschsprachigen Raum konzentriert, hat LinkedIn weit über 250 Millionen Benutzer aus 200 verschiedenen Ländern und bietet sich daher an, vor allem Fachkräfte und Akademiker zu rekrutieren.[55] Außerdem ist es eine gute Idee, nationale Karrierenetzwerke zu benutzen. Hierzu sollten jedoch Menschen aus den jeweiligen Nationen konsultiert werden, weil grundsätzlich Unklarheit besteht, in welchen Ländern welche Netzwerke benutzt werden. Als Beispiel kann hier kariyer.net aus der Türkei genannt werden. Laut den Informationen auf deren Seite, wurden 25 Millionen Lebensläufe auf der Netzwerk hochgeladen.[56] Dies bildet eine gute Grundlage für die Personalbeschaffung in dem Land.

---

[54] vgl. Cosenza, Vincenzo (2019): World Map of Social Networks. [online]
[55] vgl. LinkedIn: About LinkedIn. [online]
[56] vgl. Kariyer.net: Hakkımızda. [online]

4.3 Unterschiede der Erwartungen ausländischer Arbeitnehmer im Vergleich mit Erwartungen inländischer Arbeitnehmer

Unternehmen mit der Beabsichtigung internationale Bewerberakquisen einzusetzen, müssen eine unterschiedliche Behandlung der potenziellen Bewerber berücksichtigen, da unterschiedliche Erwartungen an einen Arbeitgeber auftreten können. Grundsätzlich sollten Menschen, die die betreffende Kultur kennen, konsultiert werden. Außerdem ist interkulturelles Management gefragt. Im Folgenden werden dennoch einige allgemeine Aspekte genannt, auf die bei Mitarbeitern aus bestimmten Kulturen geachtet werden sollte. Davor sei auf die Globe-Studie verwiesen, die verschiedene Kulturcluster und die in den darin vorkommenden Führungsstile untersucht hat. Martin Wambach hat in seinem Buch „Unternehmerische Erwartung trifft ausländische Realität" die sozio-kulturellen Hürden erläutert, auf die deutsche Unternehmer treten, wenn Sie Geschäfte im Ausland machen wollen. Inhaltlich geht es in dem Buch eher um Geschäftspartner, die Darstellung der gesellschaftlichen Gepflogenheiten sind jedoch wunderbar auf das Human Resources Management anzuwenden. Laut Wambach wird der Begriff Afrikaner nicht nur auf eine Kultur bezogen, sondern auf ein Kontinent mit über 50 Ländern mit teils unterschiedlichen Kulturen. Meist hat jede dieser Nationen ihre eigene Kultur. Wichtig ist jedoch, „dem afrikanischen Geschäftspartner „auf Augenhöhe" zu begegnen."[57] Wenn es um Indien geht, dessen Arbeitsmarktsituation in Kapitel 3.3. ausgiebig erläutert wurde, ist festzustellen, dass dort der Begriff Familie einen sehr viel höheren Wert hat als hierzulande.[58] Dementsprechend werden die Vereinbarkeit von Beruf und Familie in Form von Work-Life-Balance nochmal mehr Anklang finden als sonst. Über die Türkei, die ebenfalls als Geberland in Frage kommt, wird gesagt, dass vor allem sprachliche Barrieren Probleme bereiten können.[59] Aus der Sicht des Personalmanagements stehen für eine Anstellung Sprachkurse bei gut qualifizierten Mitarbeitern im Vordergrund. Rechtlich gesehen sind ausreichende Sprachkenntnisse eine Pflicht für Arbeitnehmer in Deutschland. Deshalb rentiert sich besonders bei Fachkräften in die sprachliche Bildung vor der Anstellung zu investieren. Gerade diejenigen Erwartungen, die Ausländer – kulturell bedingt – an die deutschen Arbeitgeber haben, sollten auch dementsprechend kommuniziert werden. Die Personalbeschaffungsmaßnahmen wurden bereits genannt. Wenn ein

---

[57] Wambach, Martin (2018): Unternehmerische Erwartung trifft ausländische Realität. [S. 31]
[58] Wambach, Martin (2018): Unternehmerische Erwartung trifft ausländische Realität. [S. 121]
[59] Wambach, Martin (2018): Unternehmerische Erwartung trifft ausländische Realität. [S. 296]

Betrieb so als Beispiel eine Stellenanzeige für technische Fachkräfte in einer indischen Zeitung schalten will, sollte es auch annoncieren, dass Work-Life-Balance – und damit der Wert Familie – ein Bestandteil der Unternehmens-philosophie ist. Allerdings sollte es sich davor hüten, Stereotypen zu bedienen, damit man niemanden vergrämt. Wenn ein Unternehmen mit dem Vorurteil, dass beispielsweise Griechen besonders faul seien, eine Stelle anbietet, die mit besonders vielen Pausen verknüpft ist, kann der Schuss leicht nach hinten losgehen. Kulturelle Sensibilität lautet hier das Stichwort.

4.4 Auswahlmöglichkeiten bei der Personalrekrutierung im Ausland

Prinzipiell existieren bei der Personaldiagnostik, also bei der Auswahl des geeignetsten Kandidaten, verschiedene Möglichkeiten, Methoden und Instrumente. Allerdings sollte unter den Rahmenbedingungen, die sich ergeben haben, abgeschätzt werden, welche davon sich bei internationaler Personalakquise eignet. Zuerst jedoch die gängigen Instrumente: Anfangs ist es zwingend erforderlich, mit denjenigen Informationen, die das Unternehmen über den Bewerber hat, zu arbeiten.[60] Bei diesen Nach einer Vorauswahl kann sich der Recruiting-Bereich schon mal so auf wenige Bewerber konzentrieren. Sicherlich sollte das Vorgehen anders sein, wenn mehrere Personen gesucht werden. Im Weiteren wird jedoch davon ausgegangen, dass es nur eine Stelle zu besetzen gilt. Um noch einmal unter diesen wenigen Kandidaten zu sortieren, bieten sich Telefoninterviews, Assessment-Center, Personalfragebögen, Eignungs- sowie Persönlichkeitstests, Arbeitsproben und natürlich Bewerbergespräche an.[60] Grundsätzlich sei gesagt, dass, je mehr dieser Instrumente das Unternehmen anwendet, es eine bessere Übersicht über die Schwächen und Stärken der einzelnen Bewerber erlangt. Nun erfolgt die Überprüfung dieser Instrumente auf Kompatibilität mit der internationalen Personalbeschaffung: Auch wenn die Form der Bewerbungen nicht in jedem Land gleich ist, wird die Analyse dieser Unterlagen dennoch möglich sein. Lediglich gilt es zu beachten, dass die Lebensläufe und die darin enthaltenen Abschlüsse verglichen werden müssen. Daher sollte der Bereich sich schon davor mit den Bildungssystemen des jeweiligen Landes auseinandergesetzt haben. Außerdem kommt es vor, dass deutsche Lebensläufe mehrere Seiten lang sind. Im Ausland aber beschränken Arbeitnehmer sich auf eine DIN A4-Seite. In einigen Staaten werden tabellarische

---

[60] vgl. Erlat, Solveig: Personaldiagnostik. [online]

Lebensläufe sogar nur bei akademischen Berufen gefordert, während es hierzulande Gang und Gebe ist, diese in allen Bereichen zu benutzen.[61] Wenn es in derjenigen Nation, in der der Betrieb Kandidaten zum Bewerben anregen will, nicht üblich ist, Lebensläufe mit den restlichen Bewerbungsunterlagen wie Arbeitszeugnisse, Ausbildungszeugnisse, Zertifikate, Urkunden und Anschreiben mitzuschicken, sollte das in die Stellenanzeige mit aufgenommen werden. Generell sollten alle geforderten Dokumente benannt werden. Es kann jedoch vorkommen, dass es in einigen Ländern keine Arbeitszeugnisse gibt, sondern den Bereich „Referenzen" im Lebenslauf, unter dem ehemalige Vorgesetzte aufgelistet werden, die telefonisch erreicht werden können.[62] Dies birgt natürlich einen großen Aufwand für die Personalabteilung. Es sollte jedoch die Chance genutzt werden, vor allem bei Bewerbern in der engeren Auswahl. Telefoninterviews sind ebenfalls eine gute Methode. Allerdings ist hier wiederum länderspezifisch zu unterscheiden. Während Festnetzanschlüsse in Deutschland noch normal und verbreitet sind, sind sie anderswo kaum noch zu finden.[63] Weil beide Seiten nun mal für Telefoninterviews Zeit und Ruhe brauchen, sollten die Verantwortlichen jedes Mal neu überlegen, ob Gespräche am Telefon angebracht sind. Instrumente wie Assessment-Center und Bewerbergespräche erfordern die körperliche Anwesenheit beider Parteien. Dies erweist sich jedoch als schwer und kostenträchtig. Bei größeren Unternehmen erscheint es vielleicht nicht als Problem, für einige Bewerbergespräche nach Indien zu fliegen. Mittelständische und kleinere Betriebe werden jedoch hier ihre Probleme haben. In dieser Hinsicht ist die Digitalisierung ein Segen. Anwesenheitsgespräche können durch Videokonferenzen – beispielsweise über Skype – ersetzt werden. In gleicher Weise sind auch oben genannte Tests als Online-Tests über das Internet möglich. Theoretisch kann der Recruiting-Bereich die Kandidaten also erst durch die Analyse ihrer Bewerbungsunterlagen filtern, anschließend durch Online-Tests auf deren Eignung prüfen und zum Schluss den Geeignetsten durch Telefon- und / oder Video-Interviews final auswählen.

---

[61] vgl. StepStone: Der Curriculum Vitae. [online]
[62] vgl. absolventa: Letter of Reccomendation. [online]
[63] vgl. The World Bank (2017): Fixed telephone subscriptions (per 100 people). [online]

5 Nach der Einstellung des Arbeitnehmers

Nachdem der geeignetste Kandidat unter vielen ausgewählt wurde, geht es um die Frage, wie es weitergeht. Vor allem die Thematik der Integration des Arbeitnehmers in das Unternehmen sowie in die deutsche Gesellschaft und das Onboarding sind hier wichtige Felder, die nicht vernachlässigt werden dürfen. Nachfolgend werden diese Probleme sowie deren Lösungen und Auswege erörtert.

5.1 Umzug nach Deutschland

Die deutsche Bürokratie ist bekannt – ja sogar berüchtigt dafür – so komplex zu sein und Personen, die mit ihr zu tun zu haben, in die Weißglut zu treiben. Daher ist es gerade vor allem für Neuankömmlinge wichtig, dass ihnen gerade bei diesen Dokumenten und Formularen jemand sachkundiges zur Seite steht. Das Unternehmen, welches die betreffende Person einstellen will und sie daher nach Deutschland geholt hat, sollte generell die meisten bürokratischen Abläufe, die ohne die Anwesenheit des neuen Arbeitnehmers erledigt werden können, abwickeln. Anschließend liegt es nun an ihm, umzuziehen. Davor ist es möglich, dass die Person schon mal nach Deutschland kommt und sich die Stadt, in der er arbeiten wird, das Unternehmen besichtigt und einige neue Kollegen kennenlernt. Dies hängt natürlich von den finanziellen Mitteln des Betriebs ab. Ein Arbeitnehmer aus dem Ausland wird selten alleine umziehen. Häufig wird es der Fall sein, dass die Familie – inklusive Ehefrau und Kinder – ebenfalls mitzieht. Für die Firma bedeutet das,- wenn gewünscht – eine Beschäftigung für die Ehefrau zu organisieren sowie die Schul-anmeldung für die Kinder zu organisieren. Experten raten in dieser Hinsicht dazu, einen „Buddy", also einen Ansprechpartner für den neuen Mitarbeiter zu organisieren, der speziell ihn unterstützt.[64] Falls es sich um ein Unternehmen handelt, das finanziell gut aufgestellt ist, kann die Onboarding-Abteilung sogar einen „Buddy" für die Ehefrau organisieren, denn laut Ellen Raahede-Sacher sollte großer Wert auf die Familie des Arbeitnehmers gelegt werden, „weil Assignments oft wegen der Familie scheitern, wenn diese nicht integriert werden."[64] Ein anderes Thema ist die Wohnungssuche. Hierbei sollten Unternehmen – wenn möglich – auf den Arbeitnehmer warten, um ihm nicht das Gefühl zu geben, dass über seinem Kopf hinweg entschieden wird. Allerdings muss der Arbeitgeber in Form des

---

[64] vgl. Audebert, Dr. Fritz; Hackl, Veronika (2018): Schwerpunkt: Wissenschaftliche Bücher 2015. [online]

"Buddy" dann seinem neuen Mitarbeiter beratend zur Seite stehen. Zwecks der Wohnungseinrichtung ist es möglich, einen Gehaltsvorschuss zu gewähren.

5.2 Integration des Arbeitnehmers

Kein Wort stand in den letzten Jahren so oft im öffentlichen Interesse wie der Begriff Integration. Das größte Problem auf Seiten derjenigen, „die integriert werden sollen", war, dass es keine einheitliche Definition davon gab. Das Bundesamt für Migration und Flüchtlinge versucht dennoch eine Begriffserklärung. Demnach handelt es sich dabei um einen langfristigen Prozess, der folgendes Ziel hat: „Zugewanderten soll eine umfassende und gleichberechtigte Teilhabe in allen gesellschaftlichen Bereichen ermöglicht werden."[65] Wenn wir eben genannte Zielsetzung auf das Thema dieser Arbeit beziehen, geht es darum, dass der ausländische Arbeitnehmer ein vollkommenes Mitglied der Belegschaft wird. Im Folgenden werden Maßnahmen genannt, die den Mitarbeiter in Gesellschaft und Betrieb integrieren sollen.

5.2.1 Integration des Arbeitnehmers in die deutsche Gesellschaft

Nach einer langen Recherche kristallisiert sich heraus, dass es keine Musterformel zur Integration gibt. Die meisten Beiträge, Kommentare und Forderungen haben jedoch einige Punkte gemeinsam: Der wichtigste und meistgenannte Faktor ist die Sprache. Laut dem Portal für ausländische Fachkräfte der deutschen Bundesregierung ist das Erlernen der deutschen Sprache eine Pflicht für alle, die hier erwerbstätig sein wollen und sogar für die Ehegatten dieser Personen. Für diese wird beispielsweise das Erreichen der Stufe A1 des Gemeinsamen Europäischen Referenzrahmens für Sprachen vorausgesetzt.[66] Hierbei bedeutet diese Stufe, dass die Person „vertraute, alltägliche Ausdrücke und ganz einfache Sätze verstehen und verwenden[,] Fragen zur Person stellen und beantworten [und] sich auf einfache Art verständigen [kann], wenn die Gesprächspartner[...] langsam und deutlich sprechen und bereit sind zu helfen."[67] Mindestens sollte es also möglich sein, ein einfaches Gespräch mit den Neuankömmlingen zu führen. Wie gut die Sprache beherrscht werden muss, hängt jedoch natürlich auch vom Beruf ab. In der Baubranche sollte es beispielsweise reichen, technische Begrifflichkeiten und die einfache Kommunikation mit Kollegen zu beherrschen. Bei Pflegeberufen hingegen muss es

---

[65] vgl. Bundesamt für Migration und Flüchtlinge: Glossar: Integration. [online]
[66] vgl. Bundesregierung: Brauche ich Deutschkenntnisse? [online]
[67] DIALOG Sprachreisen: Niveaustufen – Europäischer Referenzrahmen GER. [online]

möglich sein, mit den Patienten auch längere Gespräche zu führen. In allen Fällen sollte das Unternehmen dafür sorgen, dass die sprachliche Bildung nicht aufhört, sondern durch Besuchen von Kursen fortschreitet. Ein anderer Faktor, der integrationsförderlich ist, ist der Kontakt mit gebürtigen Staatsbürgern. In der Hinsicht ist noch einmal die Position des „Buddy" besonders hervorzustellen. Im Gespräch mit diesem kann der neue Arbeitnehmer einerseits seine sprachlichen Kenntnisse verbessern, andererseits durch ihn neue Menschen kennenlernen und sich so sein eigenes soziales Netzwerk schaffen. Allgemeiner Konsens ist, dass es wenig hilft, wenn der Neuankömmling auf ewig die Unterstützung des Buddys braucht. Irgendwann muss er auf eigenen Beinen stehen, während die Bekanntschaft neuer Freunde zu machen bei diesem Prozess unterstützend ist. Das Kennenlernen der Sitten und Bräuche im neuen Land wird ebenfalls der Integration dienen. Wenn Kollegen beispielsweise in den Faschings-wochen Krapfen mit in die Arbeit nehmen, können diese ihrem neuen Mitarbeiter den geschichtlichen und rituellen Hintergrund von Fasching und Karneval erzählen. Die Historie des Unternehmens sowie der Stadt, in der es liegt, sind auch Informationen, die vermittelt werden können. Viele dieser aufgezählten Aspekte gehen Hand in Hand mit der Integration des Arbeitnehmers in das Unternehmen, wobei jedoch dort einige Punkte noch einmal herauszustellen sind.

5.2.2 Integration des Arbeitnehmers in den Arbeitsplatz

Um den neuen Arbeitnehmer in das Unternehmen erfolgreich integrieren zu können, bedarf es grundsätzlich einer Sache: interkultureller Kompetenz. Diese wird als Fähigkeit definiert, „in interkulturellen Situationen effektiv und angemessen zu agieren [...]."[68] Nötig für die Erlangung dieser Kompetenz sind „[...] bestimmte Einstellungen, emotionale Aspekte, (inter-)kulturelles Wissen, spezielle Fähigkeiten und Fertigkeiten sowie allgemeine Reflexionskompetenz [...]"[68] Die Anforderungen können also wie folgt zusammengefasst werden: Die Führungskräfte sowie die unmittelbaren Kollegen der neuen Arbeitskraft, sollten unvoreingenommen und kulturell sensibel sein. Außerdem ist es hilfreich, Wissen über das Herkunftsland des neu Ankommenden zu besitzen. Hierbei sollte stark darauf geachtet werden, dass das Wissen nicht aus Stereotypen und Vorurteilen besteht. Denn sonst besteht die Gefahr, die Integration des Arbeitnehmers zu behindern. Ein anderes Problem kann

---

[68] vgl. Bertelsmann Stiftung; Fondazione Cariplo (2008): Interkulturelle Kompetenz – Die Schlüsselkompetenz im 21. Jahrhundert? [S. 4] [online]

sich durch den genannten Aspekt der Einstellungen ergeben: Menschen mit xenophober, also fremdenfeindlicher, Gesinnung wird es immer und überall geben. Da Unternehmen im Grundgedanken auch nur die Mikroabbildung einer Gesellschaft sind, werden diese Personen auch dort vorkommen. Hierbei ist es unerlässlich, den „fremden" Mitarbeiter zu unterstützen und ihm bei Konflikt-situationen beizustehen. Den meisten Deutschen ist grundsätzlich die Trennung von Arbeit und Privatem sehr wichtig. Hierbei wird stark darauf geachtet, dass sie beispielsweise am Wochenende telefonisch nicht erreichbar sind. Auch wenn es schon ein Mentalitätsproblem ist, dass es diese Trennung in vielen anderen Nationen nicht gibt, so ergibt sich hier ein viel größeres Problem: Die hier geborenen und aufgewachsenen Mitarbeiter haben am Wochenende Zeit für die Ausübung von Hobbies, Freizeitaktivitäten oder ähnlichem. Die ausländischen Mitarbeiter, welche erst vor kurzem nach Deutschland gekommen sind, haben in ihrer Freizeit nicht die Möglichkeiten, die ihre Kollegen haben. Außerdem werden sie durch diese strikte Trennung alleine gelassen. Hier liegt es an der Führungskraft, das Entstehen von Netzwerken zu fördern, damit auch die neuen Kollegen nicht einsam sind.[64]

5.3 Onboarding

Mit dem ersten Tag an seinem neuen Arbeitsplatz sollte für den ausländischen Mitarbeiter das Onboarding beginnen. Zunächst wird dieser Begriff definiert, anschließend werden die Instrumente des Onboarding auf die sich ergebenden Probleme projiziert.

5.3.1 Definition von Onboarding

Onboarding ist ein relativ neuer Begriff. Alleine durch die Wordbestandteile „on" und „board" könnte die Bedeutung abgeleitet werden. Eine geläufigere Definition lautet wie folgt: „Das Einstellen und die Aufnahme neuer Mitarbeiter durch ein Unternehmen und vor allem alle Maßnahmen, welche die Eingliederung fördern."[69]

Während der genannte Begriff vor allem in der Berufswelt Gehör findet, wird akademisch eher von Organisationaler Sozialisation gesprochen und in diesen Kreisen wird der Begriff dementsprechend definiert: „Aktivitäten, die dem neuen Mitarbeiter helfen, ein erfolgreiches Mitglied der Organisation zu werden."[69] Hinter Onboarding verbirgt sich ein Lösungsansatz, ein weit verbreitetes Problem zu bekämpfen:

---

[69] Haufe: Onboarding neuer Mitarbeiter – eine Definition. [online]

Die Kündigung in der Probezeit. Es gibt keine Zahlen darüber, von welcher Seite aus die meisten Kündigungen in den ersten Monaten ausgesprochen werden und aus welchen Gründen, jedoch scheitert laut Statistiken „jedes fünfte Arbeitsverhältnis in den ersten sechs Monaten."[70] Es kann sicher davon ausgegangen werden, dass einige dieser Kündigungen in der Hinsicht gerechtfertigt sind, dass eine Partei nicht zufrieden mit der anderen war. Auf der anderen Seite jedoch kündigen laut einer anderen Statistik 36 % der Arbeitnehmer ihre Stelle in der Probezeit aufgrund einer mangelhaften Einarbeitung also schlechtem Onboarding.[71] Weil gerade diese Kündigungen nicht sein müssen, ist es wichtig, Onboarding zu betreiben. Wenn das Onboarding auf das Fachgebiet dieser Arbeit bezogen wird, erscheint das Problem noch schlimmer, weil die Anstellung von ausländischen Mitarbeitern generell mit höheren Kosten verbunden ist als von Inländischen. Aber da gerade diese fehlen, sind Unternehmen auf die Neuankömmlinge angewiesen und können es sich nicht erlauben, diese aufgrund schlechter Einarbeitung zu verlieren.

5.3.2 Probleme bei Menschen, die arbeitsbedingt nach Deutschland ziehen

Lohaus und Habermann erkennen in ihrem Buch „Integrationsmanagement - Onboarding neuer Mitarbeiter" vor allem sechs Problemfelder:[72] Die erste dieser Probleme bezieht sich auf die Leistung beziehungsweise das Niveau davon. Damit sich neue Mitarbeiter – vor allem auch ausländische – in den neuen Arbeitsplatz integrieren können, ist es wichtig, dass sie wissen, welche Aufgaben, die mit der Position verbunden sind, erledigt werden müssen. Bei neu ankommenden Mitarbeitern kann es auch durchaus sein, dass zunächst einmal geklärt werden sollte, welches Leistungsniveau erwartet wird. Das zweite Problemfeld befasst sich mit den Personen. Hierunter wird verstanden, wie neuen Mitarbeitern geholfen werden kann, „befriedigende Arbeitsbeziehungen und ein funktionierendes informelles Netzwerk aufzubauen."[72] Es geht nicht nur um ein gutes kollegiales Verhältnis, sondern um „arbeitsrelevante Kenntnisse."[72] Der nächste Aspekt ist die Sprache. Während die Autoren hiermit vor allem die Unternehmenssprache - bestimmte Begrifflichkeiten und Abkürzungen - meinen, kann das auch auf die deutsche Sprache bezogen werden. Unter Politik sind alle unternehmenspolitischen Themen

---

[70] Giannone, Alina (2016): Nichts wie raus hier: Jobwechsel in der Probezeit? [online]
[71] von Hertzberg, Simon (2018): Warum gutes Onboarding für neue Mitarbeiter wichtig ist. [online]
[72] vgl. Lohaus, Daniela; Habermann, Wolfgang (2016): Integrationsmanagement - Onboarding neuer Mitarbeiter. [S. 102]

zusammengefasst. Neue Arbeitskräfte müssen Machtstrukturen und einflussreiche Personen innerhalb des Betriebs erkennen. Andernfalls besteht keine Möglichkeit, sich „angemessen im Unternehmen"[72] zu bewegen „und akzeptiert zu werden."[72] Der vorletzte Faktor lautet Ziele und Werte der Organisation, wobei nicht nur von den Werten die Rede ist, die im Laufe einer Corporate Social Responsibility-Kampagne formuliert wurden, sondern die klaren Strukturen und Formen des Umgangs im Betrieb selber. Zum Schluss kommt noch die Historie des Unternehmens dazu, also Rituale, Traditionen und Gewohnheiten, deren Befolgung dem Betreffenden helfen, sich zu sozialisieren. Gerade diese sechs Problemfelder im Zusammenspiel damit, dass Mitarbeiter sich in einem neuen Land zurechtfinden müssen, können ausschlaggebend dafür sein, ob es gelingt, diesen langfristig an das Unternehmen zu binden oder nicht. In allen Aspekten ist die Hilfe von Kollegen unerlässlich. Noch gar nicht erwähnt wurde folgende Problemstellung: Laut den befragten Unternehmen der „Onboarding Umfrage 2017" von Haufe, springen 17 % der Eingestellten zwischen Vertragsunterzeichnung und dem ersten Tag ab. Dazu kommt, dass bei 9 % die gleiche Situation bei einigen Berufsfeldern besteht.[73] Im Folgenden werden Lösungsansätze gesucht.

5.3.3 Lösungsansätze zu diesen Problemen

Haufe gibt in seinem Whitepaper viele gute Lösungsansätze zu den oben genannten Problemen. Diese Ansätze werden nachfolgend erläutert und gegliedert: Die Gesamtproblemstellung muss chronologisch betrachtet werden. Nachdem sich ein Betrieb dazu entschlossen hat, einen Mitarbeiter aus dem Ausland einzustellen, kann beispielsweise eine kurze Reise – oder ein „Look and See", wie es im Terminus des Expat-Managements heißt – in das Land, in dem zukünftig gearbeitet wird, erfolgen. Hierbei bietet es sich an, den Vertrag zu unterschreiben. Nun begibt sich das neue Mitglied der Belegschaft wieder in seine Heimat und trifft bis zum Arbeitsantritt sämtliche Vorkehrungen zum Umzug. Verlässliche Zahlen darüber, wie groß die Anzahl der Auslandsrekrutierungen, die vor dem ersten Arbeitstag kündigen, ist, gibt es nicht. Wenn davon ausgegangen wird, dass der Anteil ähnlich hoch wie bei inländischen Arbeitnehmern ist, dann bietet es sich auch hier an, schon vor dem Arbeitsbeginn mit dem Onboarding anzufangen: Schon bei deutschen Arbeit-nehmern, die eingestellt wurden, liegt bei Zusage zur neuen Arbeitsstelle eine gewisse Unsicherheit vor. Zwangsläufig wird dieser sich fragen, ob er die richtige

---

[73] vgl. Haufe (2017): Onboarding-Umfrage 2017. Noch viel „Luft nach oben". [S. 4] [online]

Entscheidung getroffen hat. Dies ist auch völlig normal. Bei ausländischen Arbeitnehmern dürfte diese Unsicherheit noch größer sein, vor allem wenn keine internationale Erfahrung vorliegt. Es ist schlussendlich nicht einfach, Bekanntes zurückzulassen. Die Aufgabe des Unternehmens ist es hierbei, das Gefühl zu geben, dass es die richtige Entscheidung war. Durch Begrüßungsmappen, Willkommensschreiben, Ablaufpläne oder eventuell sogar Apps und Internetseiten, die einem neuen Mitarbeiter keinen Raum für offene Fragen lassen, kann das Unternehmen die Spannung darauf, endlich am neuen Arbeitsplatz anzufangen, hoch halten.[74] Nach den Maßnahmen vor Arbeitsbeginn beginnt die zweite Phase: Die erste Arbeitswoche. Es sollte „selbstverständlich sein, dass der neue Mitarbeiter an seinem ersten Arbeitstag einen komplett ausgestatteten Arbeitsplatz"[75] vorfindet. Nach einer warmen Begrüßung sollte ein intensives Abarbeiten des Einführungsplans stattfinden, ohne dass der Arbeitnehmer überfordert wird. Hier ist es wichtig, die Abteilungen mit wichtigen Ansprechpartnern vorzustellen sowie die Aufgaben und Projekte der nächsten Zeit zu erklären. Auch Haufe verweist hier auf einen „Buddy", beziehungsweise einen Paten, der den neuen Mitarbeiter in der ersten Phase begleitet. Nun beginnt die dritte Phase, Probezeit und Integration: Da soziale Interaktion nicht befehlt werden kann, liegt es am Paten und an den Kollegen in ihrer Gesamtheit, dass sie den Neuankömmling bei Mittagessen, sozialen Aktivitäten und dergleichen nicht alleine lassen. So wird die ausländische Fachkraft Teil des Unternehmens. An seiner Leistung wird dann letztendlich festgemacht, ob er die Probezeit besteht und weiterhin beschäftigt wird. Falls die erbrachte Leistung nicht passt, sollten die Verantwortlichen über eine schonende Kündigung nachdenken.

5.4 Kündigung eines unpassenden Mitarbeiters

Die generelle Kündigung eines ausländischen Arbeitnehmers weist rechtlich gesehen keine Unterschiede zu der Kündigung eines deutschen Arbeitnehmers auf.[75] Es sind wie sonst auch die bestimmten Fristen und das ganze Procedere zu beachten.

Die Kündigung eines unpassenden Mitarbeiters jedoch stellt einen Einschnitt in sein neues Leben dar. Um diesen Prozess so unproblematisch wie möglich zu gestalten, sind die Prinzipien des Outplacements, wie sie in der Praxis umgesetzt werden, befolgbar. Vor allem wenn es sich um ein international agierendes Unternehmen handelt, hat dieses sicherlich Kontakte in bestimmten Ländern. Genau in diese

---

[74] vgl. Haufe (2017): Onboarding-Umfrage 2017. Noch viel „Luft nach oben". [S. 7 ff.] [online]
[75] vgl. Haufe: Ausländische Arbeitnehmer im Unternehmen / 3.5.2 Kündigungsrecht. [online]

Staaten kann die Person, die keine Zukunft im jeweiligen Unternehmen hat, vermittelt werden. Weitere denkbare Unterstützungen wären die Bezahlung des Flugtickets und der Verzicht auf die Vorschussrückzahlungen, die dem neuen Mitarbeiter bei seinem Umzug gewährt wurden. Diese sind aber sicherlich keine Pflicht, sondern liegen im Ermessen und der Kulanz des individuellen Unternehmers.

6 Fazit

Im Verlauf der vorliegenden Abschlussarbeit wurde die Thematik der Willkommenskultur eines Unternehmens analysiert und das ideale Konzept festgehalten. Hierbei wurden intensiv die personellen Probleme, verursacht durch den Demografischen Wandel, angesprochen, die durch das Anwerben und Einstellen von ausländischen Fachkräften gelöst werden sollen. Festzuhalten ist, dass die Vielzahl an Problemen durch die Betriebe nicht mehr gelöst werden können. Diese und andere Aspekte führen dazu, dass einige Arbeitsstellen nicht mehr besetzt werden können. Nachdem bewiesen wurde, dass die Engpässe inländisch nicht behoben werden können, wurden verschiedene Länder aufgezeigt, die sich mit ihren jeweiligen Fachkräfteüberschüssen dazu eignen, die deutschen Engpässe zu schließen. Danach folgten Lösungsvorschläge, wie man diese Mitarbeiter einstellt. Die eigentliche Arbeit beginnt jedoch danach, weil laut Statistik jede fünfte Arbeitsstelle in den ersten sechs Monaten gekündigt wird. Um die Fluktuation im Unternehmen gering zu halten, ist das Onboarding notwendig. Dessen Instrumente wurden in der Arbeit auch vorgestellt. Das Ausbleiben von Fachkräften ist ein großes Problem für die Wirtschaftsunternehmen in Deutschland und dies wird auch weiterhin so sein. Zwar wurde bewiesen, dass es – wie oben geschildert – inländisch nicht gelöst werden kann. Unternehmen würde sich aber etwas vormachen, wenn sie behaupten würden, durch die Befolgung der Ratschläge in dieser Arbeit, wäre das Problem Fachkräftemangel auf ewig behoben. Die Thematik „Engpass innerhalb einiger Berufsbilder" wird die Gesellschaft noch Jahre über verfolgen. Zwar können Betriebe durch Rekrutierung von ausländischen Arbeitnehmern – mit Hilfe der Inhalte dieses Textes – den Effekt des Ausbleibens von qualifiziertem Personal verlangsamen, völlig aufgehalten werden kann es jedoch nicht. Dafür müsste unser Land – wie im Text erklärt – eine jährliche Zuwanderungs-welle von 400.000 hochqualifizierten Personen treffen. Dies ist jedoch nicht der Fall und man wird sicherlich nicht als Pessimist gebrandmarkt, wenn man behauptet, dass es auch weiterhin nicht der Fall sein wird.

Literaturverzeichnis

absolventa: *Letter of Reccomendation.* Online verfügbar unter https://www.absolventa.de/karriereguide/bewerbung-ausland/letter-of-recommendation. (letzter Zugriff: 18. März 2019, 14:45 Uhr)

Agentur Junges Herz: *Personalbeschaffung.* Online verfügbar unter https://www.agentur-jungesherz.de/hr-glossar/personalbeschaffung/. (letzter Zugriff: 26. Februar 2019, 20:30 Uhr)

Anger, Dr. Christina; Koppel, Dr. Oliver; Plünnecke, Prof. Dr. Axel (2018): *MINT-Frühjahrsreport 2018.* MINT – Offenheit, Chancen, Innovationen. Köln: Inst. der Dt. Wirtschaft Köln Medien GmbH.

Audebert, Dr. Fritz; Hackl, Veronika (2018): Schwerpunkt: *Wissenschaftliche Bücher 2015.* Gerhard Stähler, Wolfgang Apel (Hrsg.) Strategien internationaler Personalbeschaffung. Interview in: wissenschaftsmanagement. Online verfügbar unter https://www.wissenschaftsmanagement.de/dateien/dateien/schwerpunkt/downloaddateien/wim_2015_04_05_gerhard_staehler_wolfgang_apel_strategien_internationaler_personalbeschaffung.pdf.

Bertelsmann Stiftung; Fondazione Cariplo (2008): *Interkulturelle Kompetenz – Die Schlüsselkompetenz im 21. Jahrhundert?.* Online verfügbar unter https://www.bertelsmann-stiftung.de/fileadmin/files/BSt/Presse/imported/downloads/xcms_bst_dms_30236_30237_2.pdf.

Bollessen, Doris (2014): *Der fortschreitende Fachkräftemangel infolge des demographischen Wandels.* Denkbare Konzepte und Erfolgsstrategien zur langfristigen Mitarbeiterbindung. Hamburg: Diplomica-Verl.

Bühner, Rolf (2005): *Personalmanagement.* 3., überarbeitete und erweiterte Auflage. München und Wien: Ouldenburg.

Bundesamt für Migration und Flüchtlinge (2019): *Aufenthalt in Deutschland.* Online verfügbar unter http://www.bamf.de/DE/Willkommen/Aufenthalt/WichtigeInformationen/wichtigeinformationen-node.html. (letzter Zugriff: 26. Februar 2019, 20:32 Uhr)

Bundesamt für Migration und Flüchtlinge: *Glossar: Integration.* Online verfügbar unter https://www.bamf.de/DE/Service/Left/Glossary/_function/glossar.html?lv3=1504494&lv2=5831826. (letzter Zugriff: 26. Februar 2019, 20:34 Uhr)

Bundesagentur für Arbeit: *Arbeitsmarkt im Überblick – Berichtsmonat Januar 2019 – Deutschland.* Nürnberg. Online verfügbar unter https://statistik.arbeitsagentur.de/Navigation/Statistik/Statistik-nach-Regionen/Politische-Gebietsstruktur-Nav.html. (letzter Zugriff: 26. Februar 2019, 20:36 Uhr)

Bundesagentur für Arbeit: *Migration-Check für Arbeitnehmerinnen und Arbeitnehmer.* Online verfügbar unter https://www.arbeitsagentur.de/fuer-menschen-aus-dem-ausland/migration-check-arbeitnehmer#ba-migrationscheck-ergebnis. (letzter Zugriff: 26. Februar 2019, 20:38 Uhr)

Bundesagentur für Arbeit, Statistik/Arbeitsmarktberichterstattung (2018): *Blickpunkt Arbeitsmarkt - Fachkräfteengpassanalyse.* Nürnberg: Bundesagentur für Arbeit - Statistik/Arbeitsmarktberichterstattung.

Bundesagentur für Arbeit, Statistik/Arbeitsmarktberichterstattung (2019): *Arbeitsmarktdaten nach Zielberufen: Arbeitslose, Arbeitsuchende und gemeldete Arbeitsstellen.* Nürnberg: Bundesagentur für Arbeit – Statistik/Arbeitsmarktberichterstattung.

Bundesagentur für Arbeit: *Engpassanalyse.* Nürnberg. Online verfügbar unter https://statistik.arbeitsagentur.de/Navigation/Footer/Top-Produkte/Fachkraefteengpassanalyse-Nav.html. (letzter Zugriff: 26. Februar 2019, 20:40 Uhr)

Bundesministerium des Innern (Oktober 2015): *Jedes Alter zählt.* "Für mehr Wohlstand und Lebensqualität aller Generationen". Weiterentwicklung der Demografiestrategie der Bundesregierung. Berlin. Online verfügbar unter http://www.demografie-portal.de/DE/Informieren/Dialogprozess/Weiterentwicklung_Demografiestrategie.pdf?_blob=publicationFile&v=15.

Bundesministerium für Arbeit und Soziales (2018): *Fachkräfteeinwanderungsgesetz.* Online verfügbar unter https://www.bmas.de/DE/Presse/Meldungen/2018/fachkraefteeinwanderungsgesetz.html. (letzter Zugriff: 26. Februar 2019, 20:44 Uhr)

Bundesministerium für Wirtschaft und Energie, Plattform Industrie 4.0: *Was ist Industrie 4.0?* Online verfügbar unter https://www.plattform-i40.de/I40/Navigation/DE/Industrie40/WasIndustrie40/was-ist-industrie-40.html. (letzter Zugriff: 26. Februar 2019, 20:46 Uhr)

Bundesregierung: *Brauche ich Deutschkenntnisse? Make it in Germany!*. Online verfügbar unter https://www.make-it-in-germany.com/de/leben-in-deutschland/deutsch/deutschkenntnisse/. (letzter Zugriff: 26. Februar 2019, 20:48 Uhr)

Cosenza, Vincenzo (2019): *World Map of Social Networks*. Online verfügbar unter https://vincos.it/world-map-of-social-networks/. (letzter Zugriff: 26. Februar 2019, 20:49 Uhr)

Deutsche Gesellschaft für internationale Zusammenarbeit (2018): *Wenn alle gewinnen – internationale Pflegekräfte für Deutschland.* Triple Win vermittelt qualifiziertes Pflegepersonal aus dem Ausland an deutsche Arbeitgeber. Online verfügbar unter https://www.giz.de/de/mit_der_giz_arbeiten/11666.html. (letzter Zugriff: 26. Februar 2019, 20:51 Uhr)

Deutsche Gesellschaft für internationale Zusammenarbeit (2018): *Deutschland in den Augen der Welt*. Online verfügbar unter https://www.giz.de/de/weltweit/63559.html. (letzter Zugriff: 26. Februar 2019, 20:53 Uhr)

Deutsche Gesellschaft für Personalführung e.V. (2005): *Erfolgsorientiertes Personalmarketing in der Praxis*. Bielefeld: wbv.

Deutsche Forschungsgemeinschaft (2019): *Digitaler Wandel in den Wissenschaften*. Online verfügbar unter http://www.dfg.de/foerderung/grundlagen_rahmenbedingungen/digitaler_wandel/. (letzter Zugriff: 26. Februar 2019, 20:54 Uhr)

Deutsche Telekom AG (2018): *Digitalisierungsindex Mittelstand 2018*. Der digitale Status Quo des deutschen Mittelstands. Online verfügbar unter https://www.digitalisierungsindex.de/wp-content/uploads/2018/11/Telekom_Digitalisierungsindex_2018_GESAMTBERICHT.pdf.

DIALOG Sprachreisen: *Niveaustufen – Europäischer Referenzrahmen GER*. Online verfügbar unter https://www.dialog.de/service/niveaustufen/. (letzter Zugriff: 26. Februar 2019, 20:56 Uhr)

Duden (2019): *Demografie, Demographie.* Rechtschreibung, Bedeutung, Definition, Herkunft in: Duden. Online verfügbar unter https://www.duden.de/rechtschreibung/Demografie. (letzter Zugriff: 26. Februar 2019, 20:57 Uhr)

Erlat, Solveig: *Personaldiagnostik* in: Softgarden E-Recruiting GmbH. Online verfügbar unter https://www.softgarden.de/ressourcen/glossar/personaldiagnostik/. (letzter Zugriff: 26. Februar 2019, 20:58 Uhr)

Europäische Kommission: *Freizügigkeit EU-Bürger*. Online verfügbar unter https://ec.europa.eu/social/main.jsp?catId=457&langId=de. (letzter Zugriff: 26. Februar 2019, 20:58 Uhr)

Fuchs, Johann; Weber, Brigitte (2018): *Fachkräftemangel: Inländische Personalreserven als Alternative zur Zuwanderung*. IAB-Discussion Paper 07/2018. Nürnberg: Institut für Arbeitsmarkt- und Berufsforschung der Bundesagentur für Arbeit.

Giannone, Alina (2016): *Nichts wie raus hier: Jobwechsel in der Probezeit?* in: Instaffo. Online verfügbar unter https://blog.instaffo.com/nichts-wie-raus-hier-jobwechsel-in-der-probezeit/. (letzter Zugriff: 26. Februar 2019, 20:59 Uhr)

Gillmann, Barbara (2018): *Das MINT-Forum müht sich ab – dennoch eilt der Fachkräftemangel von Rekord zu Rekord* in: Handelsblatt. Online verfügbar unter https://www.handelsblatt.com/politik/deutschland/bildung-das-mint-forum-mueht-sich-ab-dennoch-eilt-der-fachkraeftemangel-von-rekord-zu-rekord/22640822.html. (letzter Zugriff: 26. Februar 2019, 21:00 Uhr)

Haak, Julia (2017): *Fachkräftemangel. Berliner vermittelt Pfleger aus Ost-Europa* in: Berliner Kurier. Online verfügbar unter https://www.berliner-kurier.de/berlin/thema-pflege/fachkraeftemangel-berliner-vermittelt-pfleger-aus-osteuropa-28580124. (letzter Zugriff: 26. Februar 2019, 21:01 Uhr)

Haufe: *Ausländische Arbeitnehmer im Unternehmen / 3.5.2 Kündigungsrecht*. Online verfügbar unter https://www.haufe.de/personal/haufe-personaloffice-platin/auslaendische-arbeitnehmer-im-unternehmen-352-kuendigungsrecht_idesk_PI42323_HI580918.html. (letzter Zugriff: 26. Februar 2019, 21:02 Uhr)

Haufe: *Onboarding neuer Mitarbeiter – eine Definition* in: Haufe myOnboarding Magazin. Online verfügbar unter https://www.myonboarding.de/magazin/onboarding-neuer-mitarbeiter-eine-definition. (letzter Zugriff: 26. Februar 2019, 21:02 Uhr)

Haufe (2017): *Onboarding-Umfrage 2017.* Noch viel „Luft nach oben". Online verfügbar unter https://elq.haufe.com/mitarbeiter-gewinnen/onboarding-umfrage-2017. (letzter Zugriff: 26. Februar 2019, 21:02 Uhr)

Hillmoth, Gabriele (2018): *„Ohne Digitalisierung funktioniert heute kein Unternehmen mehr"* in: Westfälische Nachrichten. Online verfügbar unter https://www.wn.de/Muenster/3193701-Digitalisierung-Ohne-Digitalisierung-funktioniert-heute-kein-Unternehmen-mehr. (letzter Zugriff: 26. Februar 2019, 21:03 Uhr)

Kahveci, Ibrahim (2018): *İşsizlik tablosu çok ciddi* in: Karar. Online verfügbar unter https://www.karar.com/yazarlar/ibrahim-kahveci/issizlik-tablosu-cok-ciddi-8420#. (letzter Zugriff: 25. Februar 2019, 18:32 Uhr)

Karasu, Kristina (2018): *Wirtschaftskrise in der Türkei. Wie sich die türkische Krise an einem Bauprojekt zeigt* in: Der Tagesspiegel. Online verfügbar unter https://www.tagesspiegel.de/themen/reportage/wirtschaftskrise-in-der-tuerkei-wie-sich-die-tuerkische-krise-an-einem-bauprojekt-zeigt/22908938.html. (letzter Zugriff: 25. Februar 2019, 18:34 Uhr)

Kariyer.net: *Hakkımızda.* Online verfügbar unter https://www.kariyer.net/kurumsal/hakkimizda. (letzter Zugriff: 25. Februar 2019, 18:35 Uhr)

Institut für Mittelstandsforschung Bonn: *KMU-Definition der Europäischen Kommission.* Online verfügbar unter https://www.ifm-bonn.org/definitionen/kmu-definition-der-eu-kommission/. (letzter Zugriff: 25. Februar 2019, 18:35 Uhr)

Kühn, Franka (2015): *Die demografische Entwicklung in Deutschland* in: Bundeszentrale für politische Bildung. Online verfügbar unter https://www.bpb.de/politik/innenpolitik/demografischer-wandel/196911/fertilitaet-mortalitaet-migration. (letzter Zugriff: 25. Februar 2019, 18:40 Uhr)

Lohaus, Daniela; Habermann, Wolfgang (2016): *Integrationsmanagement - Onboarding neuer Mitarbeiter.* 2., unveränderte Auflage. Göttingen, Bristol, CT: Vandenhoeck & Ruprecht.

LinkedIn: *About LinkedIn.* Online verfügbar unter https://about.linkedin.com/de-de. (letzter Zugriff: 25. Februar 2019, 18:41 Uhr)

Matthes, Roland; Ahlers, Friedel; Lüke, Karl-Heinz; Behrens-Potratz, Anja (2013): *Demografischer Wandel. Vielfältige Herausforderungen für Unternehmen und Gesellschaft.* 1st ed. Göttingen: Cuvillier Verlag (Theoria cum praxi, v.1).

Ministry of External Affairs (India) (2017): *Population of Overseas Indians.* Online verfügbar unter http://mea.gov.in/images/attach/NRIs-and-PIOs_1.pdf

Mitteldeutsche Zeitung (2017): *„Der Pflege-Beruf ist nicht attraktiv".* Online verfügbar unter https://www.mz-web.de/leben/gesundheit/medizin--der-pflege-beruf-ist-nicht-attraktiv--28551142. (letzter Zugriff: 25. Februar 2019, 18:45 Uhr)

Obmann, Claudia (2011*): Akademiker aus Asien. Gebildet, jung - und heiß umworben* in: Wirtschaftswoche. Online verfügbar unter https://www.wiwo.de/unternehmen/akademiker-aus-asien-gebildet-jung-und-heiss-umworben/5983554.html. (letzter Zugriff: 25. Februar 2019, 18:47 Uhr)

Obermeier, Tim (2014): *Fachkräftemangel* in: Bundeszentrale für politische Bildung. Online verfügbar unter https://www.bpb.de/politik/innenpolitik/arbeitsmarktpolitik/178757/fachkraeftemangel?p=all. (letzter Zugriff: 25. Februar 2019, 18:49 Uhr)

Personio: *Arbeitserlaubnis.* Online verfügbar unter https://www.personio.de/hr-lexikon/arbeitserlaubnis/. (letzter Zugriff: 25. Februar 2019, 18:51 Uhr)

Prognos AG (2017): *Prognos blickt auf Fachkräftesituation in Deutschland.* Online verfügbar unter https://www.prognos.com/presse-kontakt/news/detailansicht/1410/c6a2bbb5a48f8bf23b48ee4a0052fcc8/. (letzter Zugriff: 22. Februar 2019, 13:12 Uhr)

Rauch, Sandra (2012): *Ausländische Fachkräfte rechtssicher beschäftigen* in: Handwerk Magazin. Online verfügbar unter https://www.handwerk-magazin.de/auslaendischer-fachkraefte-rechtssicher-beschaeftigen/150/516/178315. (letzter Zugriff: 25. Februar 2019, 18:59 Uhr)

Rehbein, Ulla (2011): *Hintergrund: Gastarbeiter im Westen – Das Wirtschaftswunder* in: SWR. Online verfügbar unter https://www.planet-schule.de/wissenspool/zu-hause-in-deutschland/inhalt/hintergrund/gastarbeiter-im-westen-das-wirtschaftswunder.html. (letzter Zugriff: 25. Februar 2019, 19:11 Uhr)

Statista: *Auswanderung und Zuwanderung. Statistiken zu Auswanderungen und Zuwanderungen* in: Statista. Online verfügbar unter https://de.statista.com/themen/46/einwanderung/. (letzter Zugriff: 20. Februar 2019, 11:02 Uhr)

Statista*: Die 20 größten Exportländer weltweit im Jahr 2017 (in Milliarden US-Dollar)* in: Statista, Online verfügbar unter https://de.statista.com/statistik/daten/studie/37013/umfrage/ranking-der-top-20-exportlaender-weltweit/. (letzter Zugriff: 20. Februar 2019, 11:05 Uhr)

Statistische Ämter des Bundes und der Länder (2011): *Demografischer Wandel in Deutschland*, Heft 1, 2011. Wiesbaden: Statistisches Bundesamt.

StepStone: *Der Curriculum Vitae.* Online verfügbar unter https://www.stepstone.at/Karriere-Bewerbungstipps/curriculum-vitae/. (letzter Zugriff: 18. März 2019, 14:40 Uhr)

Studi-Online: *MINT – was ist das eigentlich?* Online verfügbar unter https://www.studi-info.de/faq/mint-was-ist-das-eigentlich. (letzter Zugriff: 20. Februar 2019, 11:11 Uhr)

TecChannel Workshop: *China und Algerien erspitzeln Technologie.* Wirtschaftsspionage zielt auf deutsche Unternehmen in: Computerwoche. Online verfügbar unter https://www.tecchannel.de/a/wirtschaftsspionage-zielt-auf-deutsche-unternehmen,1756477. (letzter Zugriff: 20. Februar 2019, 11:12 Uhr)

The Hindu Business Line (2018): *India to have talent surplus of 245 million workers by 2030: Study.* Online verfügbar unter https://www.thehindubusinessline.com/economy/macro-economy/india-to-have-talent-surplus-of-245-million-workers-by-2030-study/article23802698.ece. (letzter Zugriff: 20. Februar 2019, 11:15 Uhr)

The World Bank (2017): *Fixed telephone subscriptions (per 100 people).* Online verfügbar unter https://data.worldbank.org/indicator/IT.MLT.MAIN.P2?view=map. (letzter Zugriff: 20. Februar 2019, 11:17 Uhr)

tz (2018): Oktoberfest: *Inder werden von Rechtsradikalen getreten und geschlagen – Drei Täter flüchtig.* Online verfügbar unter https://www.tz.de/muenchen/wiesn/oktoberfest-2018-inder-werden-von-rechtsradikalen-getreten-und-geschlagen-drei-taeter-fluechtig-10294238.html. (letzter Zugriff: 20. Februar 2019, 11:20 Uhr)

UmschulungsRatgeber: *Eine Umschulung ist verbunden mit Kosten.* Online verfügbar unter http://www.umschulungsratgeber.de/umschulung-kosten. (letzter Zugriff: 20. Februar 2019, 11:22 Uhr)

UNHCR (2018): *Global Trends. Forced Displacement in 2017.* Online verfügbar unter https://www.unhcr.org/globaltrends2017/. (letzter Zugriff: 20. Februar 2019, 11:29 Uhr)

von Hertzberg, Simon (2018): *Warum gutes Onboarding für neue Mitarbeiter wichtig ist* in: lead digital. Online verfügbar unter https://www.lead-digital.de/onboarding-als-wirtschaftlicher-erfolgsfaktor-fuer-new-work/. (letzter Zugriff: 20. Februar 2019, 11:31 Uhr)

Walla, Wolfgang; Eggen, Bernd; Lipinski, Heike (2006): *Der demographische Wandel. Herausforderung für Politik und Wirtschaft.* Stuttgart: Kohlhammer (W).

Wambach, Martin (2018): *Unternehmerische Erwartung trifft ausländische Realität* – Bestandsaufnahme, Erfahrungen und Empfehlungen zur Steuerung von Auslandsgesellschaften. 4. Auflage. Köln: Rödl & Partner.